Manfred Scherrmann & Beate Scherrmann-Gerstetter

Die Kunst, mit Schwerem leicht zu leben

W0071384

Manfred Scherrmann &
Beate Scherrmann-Gerstetter

Die Kunst, mit Schwerem leicht zu leben

Eine Lebensschule

HERDER

FREIBURG · BASEL · WIEN

© Verlag Herder GmbH, Freiburg im Breisgau 2016
Alle Rechte vorbehalten
www.herder.de

Umschlaggestaltung: Verlag Herder
Umschlagmotiv: © Mauritius Images

Satz: de·te·pe, Aalen
Herstellung: CPI books GmbH, Leck

Printed in Germany

ISBN 978-3-451-61382-1

Inhalt

Vorwort

Die Kunst, mit Schwerem leicht zu leben – dieser Titel klingt verheißungsvoll. Vielleicht haben Sie deshalb dieses Buch zur Hand genommen: Sie fühlen sich belastet, würden aber gerne leichter leben. In seiner Zuspitzung ist der Titel jedoch zugleich eine Provokation und fordert möglicherweise Ihren Widerspruch heraus. Mit Schwerem leicht leben, wie soll das gehen? Und ist das überhaupt angemessen? Schweres ist nun mal schwer und beschwert das ganze Leben, und wenn es Schweres im Leben von Menschen gibt, passt es nicht, leicht zu leben. Schweres gilt es doch zu tragen, so wie das Menschen seit grauer Vorzeit getan haben. Also, was soll das?

Es ist nicht unsere Absicht, Schweres »leicht zu reden«, im Sinne von: »Es ist doch alles gar nicht so schlimm«. Wir wollen Sie auch nicht davon überzeugen, sich nur den schönen Seiten des Lebens zu widmen und Schweres auszuklammern. Es hat und braucht seinen Platz im menschlichen Leben, es gehört zum Leben dazu, gibt ihm Tiefe und Gewicht. Doch wenn es alles überschattet, sodass die Lebensfreude verloren geht, dann ist das ein Elend für die Betroffenen selbst, und die Menschen um sie herum leiden oft mit. Es geht also nicht darum, Schweres zu leugnen oder zu bagatellisieren, sondern um einen angemessenen, »vernünftigen« Umgang damit. Der lässt sich erlernen. Auch sehr Schweres muss uns nicht dauerhaft extrem niederdrücken.

Ein Beispiel für das, was wir meinen, ist die berührende und Mut machende Geschichte eines Mannes, dessen Todesanzeige im vorigen Jahr in der Zeitung war. Als junger Mann, aktiver Sportler, in »festen Händen«, hatte er einen schlimmen Autounfall. Er überlebte, aber ein Bein und ein Arm waren nicht mehr zu retten. Nach Monaten im Krankenhaus und in der Reha wurde er mit bleibenden körperlichen Einschränkungen entlassen. Wie es weiterging? Er feierte Hochzeit mit seiner Freundin, die ihm treu zur Seite stand, wurde Vater, schulte um, war lange Jahre im Behindertensport erfolgreich, blieb bewusst in seinem alten Freundeskreis. Er hatte Schmerzen, auch immer wieder Phasen der Niedergeschlagenheit, doch er ging aufrecht und von vielen geachtet seinen Weg. Mit Ende 50 verstarb er dann, letztlich an den Spätfolgen seines Unfalls, nach einem nicht leichten, aber erfüllten Leben.

Schweres gibt es im Leben vieler Menschen. Sonntagskinder, denen es geschenkt ist, auf Dauer mit leichtem Gepäck durchs Leben zu gehen, sind eher die Ausnahme. Ehen scheitern, der langjährige Arbeitsplatz geht verloren, Lebensentwürfe werden durch eine ernste Erkrankung oder einen schlimmen Unfall umgeworfen. Es ist nachvollziehbar, dass solche einschneidenden Ereignisse das Lebensgefühl überschatten und sich nicht einfach abhaken lassen. Doch ob Menschen ein bestimmtes Ereignis als mehr oder als weniger belastend erleben, ist sehr unterschiedlich. Für manche ist etwas fast unerträglich schwer, womit andere vergleichsweise gut zurechtkommen. Das Gleiche gilt für die Frage, wie lange Menschen an solchen Schicksalsschlägen tragen. Den einen gelingt es nach einer gewissen Zeit, ins Leben zurückzufinden und neue

Perspektiven zu entwickeln, andere versinken in Depression und Resignation.

Auch Sorgen um Zukünftiges können stark auf Menschen lasten: Der Sohn droht in die Drogenszene abzurutschen; die Tochter hat schon wieder einen völlig unpassenden Lebensgefährten; der Vater ist zunehmend verwirrt, will aber unbedingt im eigenen Haus bleiben; die anhaltenden und unklaren Rückenbeschwerden bedeuten sicher nichts Gutes. Auch hier gibt es große Unterschiede in der gefühlten Belastung sowie im Umgang damit: Manche Menschen werden von Sorgen aufgefressen, anderen gelingt es, immer wieder Abstand davon zu nehmen und sich die Freude am Leben nicht völlig verdunkeln zu lassen.

Unserer Erfahrung nach entscheidet nicht das Schwere an sich über die Lebensqualität von Menschen. Viel wichtiger ist, wie schwer etwas empfunden und wie damit umgegangen wird. Unser Buch soll Sie dazu anleiten und dabei unterstützen, mit dem, was schwer für Sie ist, besser zurechtzukommen. Es ist unserer Erfahrung nach durchaus möglich zu lernen, mit Schwerem leicht zu leben. Überdies sprechen, wie wir Ihnen darlegen werden, gute Gründe dafür.

Von Haus aus sind wir systemische Therapeuten. Für das systemische Arbeiten zentral ist die Frage: Wie kann das angestrebte Ziel in wenigen Schritten am besten erreicht werden? In der Regel stellen sich erste Erfolge rasch ein, was die Motivation erhöht, »dranzubleiben«, und dann kann es Schritt für Schritt weitergehen.

Dieses Verfahren haben wir aufs Schreiben übertragen – erfolgreich, wie wir feststellen konnten, aufgrund vieler Rückmeldungen zu unseren Büchern »Das Brave-Tochter-Syndrom und wie frau sich davon befreit« und »Endlich in Frieden mit den Eltern und frei für das eigene Leben«. Auch schon in jenen beiden Büchern ging es darum, Menschen auf ihrem Weg zu einem leichteren Leben zu unterstützen, nämlich zum einen die besonders tüchtigen Frauen, die von klein auf für ihre Eltern getragen haben, und zum anderen alle erwachsenen Kinder, die die Beziehung zu ihren Eltern noch immer als belastet erleben.

Wir werden auch diesmal mit unseren Leserinnen und Lesern in bewährter Weise auf eine Reise gehen. Diesmal wenden wir uns an alle, die ihrem Gefühl nach schwer leben, aber lernen möchten, leichter zu leben. Sie werden Antworten bekommen auf Fragen wie: Wie kann ich das Schwere so lassen, wie es ist, und innerlich etwas Leichtes daneben setzen, um nicht völlig im Schweren zu versinken? Wie kann ich vermeiden, das Schwere aufzusaugen wie ein Schwamm? Wie kann ich Schweres nicht unnötigerweise noch schwerer machen, als es sowieso schon ist? Wie kann ich davon so weit Abstand nehmen, wie es für mich gut ist? Wie kann ich trotz all des Schweren den Kopf oben behalten, den Alltag meistern, nicht in Sorgen und Traurigkeit versinken?

Wir wenden uns auch an Menschen, die schon erlebt haben, wie es sich anfühlt, leichter zu leben, die sich aber die erlangte innere Freiheit und Stabilität nicht auf Dauer bewahren konnten. Wie kann, nachdem Entlastung und Befreiung erlebt wurden, das Zurückfallen in alte Verhaltensmuster vermieden werden?

Unser Buch ist wieder ein echtes Gemeinschaftswerk. Wir haben alle Kapitel gemeinsam geschrieben. Wir möchten aber jeweils auch Persönliches mitteilen. Diese Absicht sprachlich umzusetzen, ist gar nicht so leicht. Eine »perfekte« Lösung gibt es nicht. Nach langem Überlegen haben wir uns zu folgendem Vorgehen entschlossen: In der Ich-Form wird nur der männliche Autor, Manfred Scherrmann, über Persönliches berichten. Persönliches von Beate Scherrmann-Gerstetter, das sich ebenfalls im Text findet, werden Sie auch ohne besondere Kennzeichnung leicht erkennen.

Ich hatte in meinem Leben viel Schweres zu tragen. Daher bin ich durch eine harte Schule gegangen. Anders als meine Frau, eine »rheinische Frohnatur«, wie sie sich selbst gelegentlich bezeichnet, habe ich vom Naturell her von klein auf das Schwere schwer genommen. Doch immer wieder war ich auf der Suche nach Möglichkeiten, mein Leben von Lasten zu erleichtern. Ich praktizierte unter anderem Yoga, übte Autosuggestion, machte Ausdauersport, wandte Atemtechniken an, lebte in einer Lebensgemeinschaft mit einem alternativen Lebenskonzept und meditierte dort regelmäßig und ausdauernd. Alle diese Techniken unterstützten mich, halfen ein Stück weit, lösten aber nicht mein Grundproblem: Ständig türmten sich neue Lasten vor mir auf. Erst über meine systemische Ausbildung und über intensive Erfahrungen als Therapeut und als Seminarleiter lernte ich immer klarer zu sehen, was aus einer Leid schaffenden Dynamik herausführt, mich selbst und andere Menschen. Das brachte für mich erst so richtig den Durchbruch.

Hinzu kamen die Erfahrungen der letzten Jahre. Eine Krebserkrankung lehrte mich, wie entscheidend wichtig es ist, mit dem, was sich schwer anfühlt, mental gut umzugehen. Wollte ich nicht untergehen, musste ich mich um meine innere Stabilität kümmern. Dabei weitete sich mein Blick über mich selbst hinaus. Immer wieder nahm ich wahr, dass manche Menschen um mich herum es sich unnötig schwer machten. Andere konnten mit vielem erstaunlich gut umgehen. Darüber wollte ich mehr erfahren und habe genau hingeschaut. Was ich dabei sah und lernte, empfinde ich als so bedeutsam und kostbar, dass der Wunsch in mir aufkam, es weiterzugeben. So entstand die Idee zu diesem Buch. Meine Frau war bereit mitzumachen, der Verlag hatte Interesse daran – ideale Voraussetzungen, das Projekt zu verwirklichen.

Meine Erfahrungen und Erkenntnisse der letzten Jahre bilden die Grundlage für die Teile 1 bis 3 unseres Buches. Wir haben dort beschrieben, wie Menschen es sich durch das Missachten einfacher Verhaltensregeln im Alltag unnötig schwer machen, und erläutern detailliert, wie sie es sich leichter machen können, indem sie mental mit manchem anders umgehen.

Manche brauchen darüber hinaus eine Entlastung, die tiefer greift. Wenn es im Familiensystem, in der eigenen Lebensgeschichte und/oder aktuellen Lebenssituation sehr viel Schweres gibt, dann ist Grundlegendes nötig, um entscheidend weiterzukommen. Damit befassen wir uns in Teil 4.

In Teil 5 werden wir dann noch kurz weitere Möglichkeiten erläutern, mit Schwerem gut umzugehen – nur kurz, weil es speziell zum spirituellen Arbeiten und zum Meditieren extrem viel Literatur gibt. Daher stellen wir in diesem Buch mentale und systemische Zusammenhänge und daraus abgeleitete Hilfen in den Mittelpunkt. Stellen Sie sich wie bei einem Baukasten die Elemente zusammen, die zu Ihnen passen und die Sie voranbringen.

Und nun wünschen wir Ihnen viel Bewegendes, viel Anregendes, viel Ermutigendes, viel Berührendes, viel Erhellendes, und – sofern Sie sich selbst mit unserer Unterstützung auf den Weg machen – viel Erfolg.

Teil 1:
Innere Stärke gewinnen

Leichter leben zu lernen erfordert, mit Schwerem gut umgehen zu können. Dazu braucht es innere Stärke und Stabilität. Wenn Sie sich insgesamt eher als schwach und ohnmächtig erleben, werden Sie besondere Herausforderungen weniger gut bewältigen können, als wenn Sie sich mental stark fühlen. Umgekehrt trägt jede Herausforderung, der Sie sich aktiv stellen und die Sie meistern, dazu bei, dass Sie mental stärker werden. Dann sind Sie Schwerem nicht hilflos ausgeliefert, sondern können damit besser umgehen.

Innere Stärke können Sie Schritt für Schritt entwickeln, indem Sie sich manches bewusst machen und gezielt anders handhaben. Welchen Gedanken Sie Raum geben, wie Sie mit Ängsten umgehen, ob Sie sich durchs Leben treiben lassen, statt es aktiv zu gestalten, all dies wirkt sich auf Ihr Befinden aus. Im Mentalen gibt es da eine ganze Reihe von Fallstricken. Viele Menschen, die schwer leben, haben sich in ihnen verfangen. Doch es ist im Grunde gar nicht so schwierig, sich daraus zu befreien.

Wir gehen mit Ihnen vom Einfachen zum Schwierigeren. Mag sein, in den ersten Teilthemen erfahren Sie nicht viel Neues. Vielleicht machen Sie manches schon so, wie wir es vorschlagen. Es kann aber nicht schaden, sich Vertrautes noch einmal bewusst zu machen.

Auf das halb volle Glas schauen

Es vergeht kaum ein Tag, an dem ich nicht in irgendeinem Zusammenhang auf dieses Bild stoße. Es ist mir zu einem lieben Begleiter geworden, überall entdecke ich Zusammenhänge, in denen es »passt«, angefangen bei Kleinigkeiten bis hin zu schwerwiegenden Ereignissen. Das Glas ist halb voll, wenn ich meinen Spaziergang wie geplant machen kann, auch wenn es draußen trüb und kühl ist – jedenfalls schüttet es nicht wie aus Kübeln, und Sonne muss ja nicht unbedingt sein. Das Glas ist auch halb voll, wenn ich nur wenige Stunden geschlafen habe – ich muss ja morgens nicht fit sein für einen vollen Arbeitstag, da bin ich als Rentner doch wirklich in einer privilegierten Lage. Und trotz meiner Erkrankung habe ich keine Schmerzen – auch da ist das Glas halb voll.

In vergleichbaren Situationen, wie geht es Ihnen da? Ist für Sie das Glas eher halb voll oder halb leer? Müsste es nach Ihrem Empfinden voll sein bis an den Rand, und nun ist zu Ihrer Enttäuschung viel weniger drin, als Sie erwartet haben? Oder war das Glas zuvor leer, und überraschenderweise hat ein freundliches Wesen es für Sie zur Hälfte gefüllt? Ist das »halb« eher Grund zu Freude und Zufriedenheit oder Anlass zu Ärger und Enttäuschung? Welches sind Ihre persönlichen Erfahrungen mit diesem Bild?

Mein Eindruck ist, dass viele Menschen eher zu einer negativen Bewertung neigen, wenn etwas nicht voll und ganz ihren Erwartungen entspricht. Was nicht perfekt ist, zählt für sie nicht. Sie registrieren sofort Fehler oder Mängel. Bestenfalls ringen sie sich durch zu einem »Ja, aber«. Ja, der Sohn war schon gut, aber er hat nicht den ersten, sondern »nur« den dritten Platz in einem Wettbewerb geschafft; bei der Wanderung war »nur« am Morgen schönes Wetter, nachmittags hat es geregnet; die Kollegin hat es zwar endlich geschafft, die Pflanzen im gemeinsamen Büro auch mal zu versorgen, aber irgendwie lieblos; der Urlaub war »eigentlich« schön, aber auf der Rückfahrt der Stau ... Und nach dem Streit am Abend ist der den ganzen Tag über friedliche Sonntag nichts mehr wert.

Negatives wird oft viel schneller auf dem Negativ-Konto verbucht als Positives auf dem Positiv-Konto. Es hat offensichtlich die Macht, sich in den Vordergrund zu drängen, und oft haftet es auch lange im Gedächtnis. An den einen, das Spiel entscheidenden Elfmeter, den ein Spieler verschossen hat, denken er und die Fans noch nach Jahren; und den misslungenen Rinderbraten, den die junge Ehefrau ihren Schwiegereltern beim ersten Besuch servierte, hat sie bei der Silberhochzeit immer noch nicht vergessen ...

Selbst Menschen, die eher leicht leben, können manchmal nicht vermeiden, dass Negatives sie »anspringt«, sei es Ärger, Enttäuschung oder Schmerz, doch es wirkt bei ihnen nicht so lange nach – sie können sich bald wieder an dem halb vollen Glas erfreuen. Inzwischen schaffe auch ich das recht gut, einfach deshalb, weil ich mich im eigenen Interesse entschieden habe, Positives bewusster wahrzunehmen. Das tut meiner Seele wohl. Ich lasse es in der Regel nicht mehr zu, dass Belastendes meine Wahrnehmung dauerhaft trübt. Was erfreulich ist, schön, sich gut anfühlt, bekommt mehr Raum in mir. Bewusst öffne ich mich mehr dafür. So nehme ich viel intensiver die kleinen Dinge des Lebens auf, die mich erleichtern und beglücken: die Schönheit der Natur, ein freundliches Wort, eine gute Mahlzeit, ein fröhliches Kind ...

Wer den Blick dafür schult, entdeckt immer häufiger: Es gibt viel, worüber wir uns freuen könnten – wenn wir es könnten. Meiner Erfahrung nach lässt sich das einüben. Im Lauf eines Tages sammeln sich viele froh machende Tropfen in dem Glas und machen es voller und voller, Tag für Tag, Woche für Woche. Und wenn ich meine Aufmerksamkeit gezielt auf dieses Sammeln richte, kommt mir immer noch weiteres Gutes ins Bewusstsein. Das baut auf. Dann legt sich über das Schwere gleichsam ein bunter Schleier, und meine Welt besteht dann aus einer Fülle, zu der alles dazugehören darf. Dadurch wird ein Gegengewicht geschaffen zu all dem, was ärgerlich, schwer oder schwierig ist in meinem eigenen Leben, im persönlichen Umfeld, aber auch »draußen« in der Welt.

Die Welt »draußen« ist ja ein Teil unseres Lebens. Ich möchte sie nicht ausklammern, sondern ihr mit Offenheit begegnen. Ich achte aber darauf, was sie in meiner inneren Welt auslöst, und schütze mich vor »Übergriffen« so gut wie eben möglich. Dazu gehört, dass ich mir die vielen Schreckensbilder im Fernsehen nicht mehr antue, sondern andere Möglichkeiten der Information nutze. Wie viele Menschen werde auch ich schlimme Bilder oft nur schwer wieder los. Ich habe festgestellt, sie wirken stark in mir nach und tun mir nicht gut – auch ohne belastende Bilder springt mich immer noch viel Schweres an, und ich muss beständig dafür sorgen, dass ich »Herr im Hause« bleibe, der »Chef« über meine Gefühlswelt.

Meine Praxis, mich im Kleinen dem Schönen und Guten zuzuwenden, hilft mir auch, wenn ich mich angesichts des Schlimmen in der Welt zunehmend beladen fühle. Inzwischen kann ich in so einer Situation rechtzeitig gegensteuern. Ich

16

dämme das Negative gleichsam ein, indem ich mir klarmache, das ist nur die eine Seite. Es gibt beides, auch das Positive. Das Leben der Menschen um mich herum und »draußen« in der Welt ist prall gefüllt von Vielerlei, auch von Schönem. Das Schwere darf seinen Platz behalten. Es wird nicht verdrängt, doch es wird ergänzt durch Bilder, Erinnerungen, Gefühle, die sich leicht anfühlen, die mir guttun. Das Schwere bekommt seinen Raum, wie auch das Ärgerliche, mit der Betonung auf dem Wort »seinen«. Und wenn ich will, kann ich die Türe dieses Raums hinter mir schließen und andere Räume betreten. Ich kann, wenn es droht, zu viel zu werden, gleichsam einen Hebel umlegen, innehalten und mich dann bewusst anderem, Schönerem zuwenden, um wieder in Balance zu kommen.

Seitdem ich gelernt habe, dem Schweren so zu begegnen, fühle ich mich nicht mehr so ohnmächtig, ausgeliefert, überfordert, gelähmt. Ich kann gleichsam den Kopf über Wasser halten, egal was auf mich einstürmt. Als erwachsener Mensch weiß ich, manches ist eine »Hutnummer« zu groß für mich, da komme ich nicht weiter, da muss ich mich zurücknehmen. Ich kann die Welt und den Schmerz und das Elend nicht ändern. Sie sind viel zu schwer für mich. Doch ich kann Mitgefühl spüren, und ich kann meinen Beitrag leisten zu mehr Gerechtigkeit, Befreiung und Heilung, so wie es meinen Möglichkeiten entspricht.

Nach meiner Erfahrung ist es nicht wirklich schwierig, im Alltag immer wieder halb volle Gläser zu entdecken, nachdem das erste in den Blick gekommen ist. Vielleicht ist es der unerwartete Anruf einer alten Bekannten, das Foto der strahlenden kleinen Nichte, die schnelle und wider Erwarten gar nicht so teure Reparatur des Autos, der sonnige Vormittag …

Es kann zur Gewohnheit werden, den inneren Hebel bewusst von »Negativ« auf »Positiv« umzulegen und auch das »Aber« wegzulassen: »Ja, der Urlaub war schön«, Punkt, und kein »Aber«. Vielleicht probieren Sie es einmal aus. Sofern Sie erfolgreich sind, wird Ihr Alltag dadurch um einiges heller.

Den Ball flach halten

Auf schlechte Nachrichten reagieren Menschen sehr unterschiedlich. Skeptische Abwehr, ungläubiges Nachfragen, heftige Gefühlsausbrüche, Verstummen – die Skala der Reaktionen ist lang. Bestürzung und Trauer über das Vorgefallene, Angst und Sorge vor dem, was kommt, sowie Gefühle von Hilflosigkeit und Ohnmacht können Menschen heftig durchschütteln, wenn ihnen Hiobsbotschaften überbracht werden.

Nehmen wir zum Beispiel **Sandra.** Ihr Vater ist vor zwei Tagen operiert worden. Der alte Herr hat die OP offensichtlich gut überstanden, fühlt sich zwar noch schwach, doch alles scheint auf einem guten Wege. Als Sandra am darauffolgenden Morgen wieder nach ihm sehen will, ist sein Bett leer. Der Zimmernachbar sagte ihr, ihr Vater sei vor 10 Minuten auf die Intensivstation verlegt worden. In höchster Aufregung sucht Sandra nach einer Schwester. Was denn los sei? Warum man sie nicht angerufen habe? Wie so was passieren könne, nachdem es ihrem Vater doch schon so gut ging? Sie wolle sofort zu ihm. Nein, vorher wolle sie noch mit einem Arzt sprechen. Die Schwester kommt kaum zu Wort angesichts Sandras Empörung und Sorge.

Aber auch dann, wenn »nur« etwas Ärgerliches geschieht, steigt bei manchen der Adrenalinspiegel. Manche explodieren, manche attackieren ohne Ansehen der Person und ohne Augenmaß und können sich kaum mehr beruhigen.

Andreas ist sauer. Wie konnte das nur passieren, dass seine Frau ihr Handy ausgeschaltet hat, obwohl sie vereinbart hatten, er würde sich wegen des genauen Treffpunkts in der Stadt noch melden? Andreas kann sie nicht erreichen und ist wütend: »Nie« kann man sich auf sie verlassen, »immer« läuft bei dieser Frau »alles« schief. Als sie sich dann schließlich schuldbewusst bei ihm meldet, überschüttet er sie mit Vorwürfen. Auf das geplante gemeinsame Essen hat er absolut keine Lust mehr, er geht allein etwas trinken.

So ein Umgang mit einer Nachlässigkeit kostet viel Kraft. Wenn sich dann die heftigen Gefühle in verletzenden Worten Luft machen, wird darüber hinaus noch viel Porzellan zerschlagen.

Den Ball flach halten kann auch bedeuten, sich mit Jammern und Klagen zurückzuhalten. Als ich längere Zeit im Krankenhaus lag, wunderte ich mich über das ungewöhnlich hohe Maß an Freundlichkeit und Hilfsbereitschaft vonseiten der Schwestern und Pfleger. Ganz besonders erstaunte mich, dass niemand von ihnen an den Wochenenden, beim Nachtdienst, an spürbar stressigen Tagen wegen der schlechten Dienstzeiten, der Belastungen oder ähnlichem klagte. Als ich einzelne darauf ansprach, hieß es, das würde eben dazugehören. Wochenenden und Nachtdienste seien ein ganz normaler Bestandteil in diesem Beruf. Und durchs Jammern würde es auch nicht leichter, im Gegenteil. Jahre später war ich auf derselben Station. Wieder gab es keine Klagen.

Was ich hier berichte, ist kein Einzelfall. Das Vermeiden von Jammern und Klagen ist eine Medizin für uns alle. Damit meine ich nicht, es sei besser, alles in sich »hineinzufressen«, im Gegenteil: Es ist wichtig, Ungutes oder Belastendes wahrzunehmen und klar zu benennen, statt es zu verdrängen oder unter den Teppich zu kehren. Auch »Dampf ablassen« ist in manchen Situationen als erste spontane Reaktion passend, und Schmerz oder Angst zu spüren und ungefiltert herauszulassen, kann hilfreich sein. Sich immer zu kontrollieren ist nicht das Ziel. Es stellt sich aber die Frage nach dem rechten Maß. Wie viel an Aufregung und Sorge tut mir gut? Und wie lange bleibe ich meinen Gefühlen ausgeliefert? Es kann sinnvoll sein, manches bewusst klein zu halten. Wollen Sie prüfen, wie Sie das machen?

Wem es gelingt, den Ball flach zu halten, der hat es leichter. Dieses Bild aus dem Bereich des Fußballs bringt zum Ausdruck: Es ergibt Sinn, auf eine belastende Situation langsam und kontrolliert zu reagieren und danach mit Bedacht das zu tun, was passt. Um das zu können, ist natürlich nötig, dass ich begreife, in welcher Situation ich gerade bin. Es wäre fatal, wenn ich in der Überzeugung: »Das habe ich alles im Griff«, den Ernst der Lage verkennen würde.

Den Ball flach halten meint also nicht: »Wird schon gut gehen, ich muss mich gar nicht genauer damit befassen.« Es ist jedoch hilfreich, erst einmal tief durchzuatmen. So gewinnen Sie Zeit zum Nachdenken und Nachspüren, was diese neue Situation mit Ihnen macht und wie Sie sinnvoll damit umgehen können. Lohnt es sich wirklich, sich aufzuregen, sich zu ärgern? Ist das, was passiert ist, wirklich so schlimm, wie es im ersten Schreck aussieht? Und werden die Folgen wirklich so schwerwiegend sein? Wenn Sie den Ball flach halten, statt in einem Chaos von Gefühlen zu versinken, werden Sie belastende Herausforderungen am ehesten meistern.

Noch einmal zurück zum »nur Ärgerlichen«. Erst einmal tief durchatmen, das ist auch dann hilfreich. Jeder Ärger, der länger an uns nagt, überschattet unseren Alltag. Jeder Streit kostet Zeit und Kraft. Wir haben den Kopf dann nicht frei für anderes. Ist der Vorgang es wert, dass es uns dadurch schlecht geht?

Je nach Schwere des Ärgernisses ist es manchmal nötig, zu gegebener Zeit einen Vorfall nochmals in Ruhe anzusprechen. Doch meiner Erfahrung nach gilt: »Weniger ist oft mehr«, denn nicht selten endet eine Aussprache in Frust, Ärger oder gar Streit. Meist ist es besser, nur innerlich einen Prozess zu vollziehen, um zum Beispiel einen guten Abstand zu finden zu der Person, die mich geärgert, gekränkt oder verletzt hat; bezogen auf die Beziehung auf das halb volle Glas zu schauen; meine eigenen Anteile an dem Konflikt in den Blick zu nehmen; mich in Toleranz oder Geduld zu üben; mit manchem etwas weniger ernst, sondern eher humorvoll oder spielerisch umzugehen. Menschen sind nun mal sehr verschieden, und manches kommt heftiger daher, als es gemeint ist.

Den Ball flach halten, dazu passt eine uralte Geschichte. Der Legende nach stammt sie von dem chinesischen Weisheitslehrer Laotse. Wir zitieren sie hier gerne in der Fassung unseres geschätzten und leider schon verstorbenen Kollegen Otto Brink[1], bei dem wir viel gelernt haben. Er hatte eine besondere Gabe, Geschichten zu erzählen.

---

1 Otto Brink: Vitamine für die Seele. Heilende und heitere Geschichten. Hammer-Verlag 1999.

Ein Bauer hat lange gespart und kauft sich ein Pferd. Die Nachbarn beglückwünschen ihn und freuen sich mit ihm, dass er es nun leichter hat bei der Arbeit.

Er sagt: »Mal sehn«.

Einige Tage später ist das Pferd in die Wildnis entlaufen. Die Nachbarn bedauern ihn.

»Mal sehn.«

Am nächsten Tag kommt das Pferd mit zwei Wildpferden zurück. Die Nachbarn beglückwünschen ihn zu seinem Reichtum.

»Mal sehn.«

Der Sohn des Bauern reitet die wilden Pferde ein, wird abgeworfen und bricht sich das Bein. Die Nachbarn sind voller Mitgefühl.

»Mal sehn.«

Soldaten kommen ins Dorf und holen alle gesunden, jungen Männer zur Armee, in den Krieg!

Die Methode, wie der Bauer mit Schwerem umgeht, weicht ab von dem, was wir als normal bezeichnen würden. Auf Schweres gelassen zu reagieren erweist sich immer wieder als eine gute und hilfreiche Art des Umgangs mit Hiobsbotschaften. Der Bauer erkennt an, dass er nicht weiß, warum das alles passiert. Und weil er nicht weiß, was das Schicksal damit beabsichtigt, verzichtet er auf eine Bewertung der Ereignisse. Das bewährt sich im Verlauf der Geschichte immer wieder.

Der Kommentar von Otto Brink zu dieser Geschichte: »Bei guten Ereignissen freue Dich und bleibe gelassen, bei schlimmen warte eine Weile; sie können sich von selbst zum Guten wenden. Vieles regelt sich von selbst. Wenn ein schlimmes Ereignis sich nicht von selbst zum Guten wendet, ergreife die Initiative und mache was Gutes daraus. In jedem Augenblick sind wir frei, auf die Zukunft hin zu handeln, die wir uns wünschen.«

Aus Fehlern goldene Fehler machen

Normalerweise ärgern wir uns, wenn uns ein Fehler unterläuft – wie konnte das passieren? Wie konnte ich bloß die angeschaltete Herdplatte vergessen? Wie konnte ich mich bloß so gründlich verfahren, obwohl ich mich hier doch auskenne? Wie konnte ich bloß die Hinweise der Einheimischen auf einen Wetterumschwung ignorieren und trotzdem zu der Bergwanderung aufbrechen? Wieso habe ich nach der Betriebsfeier nicht das Auto stehen lassen und ein Taxi genommen? Was musste ich mich auch in den Streit unserer Freunde einmischen – jetzt sind beide sauer auf mich …

Wie Menschen damit umgehen, dass sie etwas falsch gemacht haben, ist unterschiedlich. Manche denken nicht weiter darüber nach – es ist eben passiert – mit dem Ergebnis, dass sie über kurz oder lang wieder den gleichen oder einen ähnlichen Fehler machen. Manche verharmlosen den groben Fehler, der ihnen unterlaufen ist: »So schlimm war das ja nun auch wieder nicht.« Manche siedeln den eigenen Fehler gar beim anderen an: »Du hättest ja auch daran denken können!« Andere ärgern sich noch lange über ihre »Dummheit« und nehmen sich vor, nie wieder Fehler zu machen, was natürlich unrealistisch ist.

Von Otto Brink kennen wir auch das schöne Bild von den »goldenen« Fehlern. Es sind die Fehler, aus denen wir lernen und die wir daher nicht wiederholen. Durch goldene Fehler bleibt uns viel Frust erspart, weil wir nicht immer wieder in die gleichen Fallen tappen. Im Grunde entwickeln wir uns durch diese Fehler weiter. Fehler zu machen gehört zum Menschsein dazu, doch immer wieder die gleichen Fehler zu machen, das muss nicht sein. Aber weder Abhaken noch krampfhaftes Vermeidenwollen führt da weiter. Hilfreich ist vielmehr, wenn wir einen uns unterlaufenen Fehler grundsätzlich und sofort als Lern- und Entwicklungschance sehen, statt uns Energie verschwendend darüber zu ärgern.

Sich über sich selbst zu ärgern bedeutet, sich selbst klein zu machen, sich abzuwerten, sich negativ zu sehen, als schwach und unzureichend. Wieder einmal habe ich etwas falsch gemacht, habe versagt, bin den eigenen Ansprüchen oder denen anderer nicht gerecht geworden. Dadurch schwäche ich mich. Ich schränke mich ein in meinen Möglichkeiten, mein Leben zum Guten hin aktiv zu gestalten. Wenn ich dagegen freundlich auf einen Fehler schaue, mit der Fragestellung: »Was kann ich aus dir lernen?«, ist das eine lösungsorientierte Haltung, die Energien aktiviert und meine Fantasie und Kreativität beflügeln kann.

Mit innerer Ruhe und Gelassenheit ist es sehr wohl möglich, Ideen oder sogar eine komplette Strategie zu entwickeln, wie ich diesen speziellen Fehler in Zukunft vermeiden kann. Das ist zwar keine Garantie dafür, dass es im ersten Anlauf auch gelingt. Vielleicht muss ich noch etwas »nachbessern« oder einfach Geduld mit mir haben – gewohntes Verhalten lässt sich nur selten von heute auf morgen ändern. Zuversichtliche Beharrlichkeit führt aber in der Regel zum Ziel. Und wenn ich dann bewusst wahrnehme, dass ich es diesmal besser gemacht habe, dass es mir diesmal gelungen ist, das zu umgehen, was ich vermeiden wollte, dann ist das ein Anreiz, weitere Fehler in goldene Fehler zu verwandeln.

Mir persönlich ist es sehr wichtig, aus meinen Fehlern zu lernen. Dieses Bemühen ist eingebettet in mein Ziel, grundsätzlich als Lernender durchs Leben zu gehen, viele Erfahrungen als Chance zu sehen – als Chance, etwas besser zu verstehen, mich weiterzuentwickeln, zu reifen. Das Schwierige bringt mich dabei weiter. Ich darf noch vieles lernen. Manches ist spannend, weil nicht immer klar ist, welche Früchte ich später ernten kann. Wenn ich so beim Leben in die Schule gehe, fühle ich mich gut, leicht und lebendig. Täglich gehe ich so in die Schule des Lebens, in meine Lebensschule.

Guten Gedanken Raum geben

Worüber wir uns vorrangig Gedanken machen, prägt sehr stark unser Leben. Wir erschaffen uns unsere Welt in großem Umfang selbst durch die Gedanken, die wir denken. Der römische Philosophenkaiser Marc Aurel hat erkannt: »Auf die Dauer nimmt die Seele die Farbe der Gedanken an.« Hängen wir trüben Gedanken nach, erschaffen wir um uns herum Dunkelheit. Pflegen wir freundliche Gedanken, wird es heller um uns. Das verdeutlicht sehr schön eine Geschichte von einem alten Häuptling und seinem Enkelsohn, die immer mal wieder veröffentlicht wird, in unterschiedlichen Fassungen. Vielleicht ist sie Ihnen bekannt:

Schweigend saß der Häuptling mit seinem Enkelsohn am Lagerfeuer. Die Bäume standen wie dunkle Schatten, das Feuer knackte, und die Flammen züngelten in den Himmel. Nach einer Weile sagte der Alte: »Weißt du, wie ich mich manchmal fühle? Es ist, als ob zwei Wölfe in meinem Herzen miteinander kämpfen. Einer der beiden ist schwermütig, traurig und einsam. Der andere ist unbeschwert, heiter und zuversichtlich.«

»Welcher der beiden wird den Kampf um dein Herz gewinnen?«, fragte der Junge.

»Der, den ich füttere«, antwortete der Alte.

Die klare Auskunft dieses lebenserfahrenen alten Mannes enthält die weise Erkenntnis, dass wir unsere Gedanken und Empfindungen beeinflussen können, ja sogar beeinflussen müssen, wenn wir nicht zu ihrem Spielball werden wollen. Selbstverständlich gilt: »Die Gedanken sind frei«, und: »Ich denke, was ich will«. Diese Formulierungen aus einem Lied betonen, dass niemand uns vorschreiben darf, was wir zu denken haben, und das ist gut so. Doch wir selbst sollten schon die Oberhoheit darüber behalten, was wir denken.

Wie wichtig und hilfreich es ist, in diesem Punkt nicht zu »schlampern«, sondern die Gedanken unter Kontrolle zu halten, ist vielen nicht so richtig bewusst. Sobald wir ihnen freien Lauf lassen, spazieren unsere Gedanken oft wie von selbst in Richtung Sorgen und Grübeln, halten sich bei Schwerem auf und kreisen immer wieder um dieselben Probleme. Das tut uns nicht gut. Wir leben dann schwerer.

Vielleicht wenden Sie ein, es lässt sich doch nicht vermeiden, dass bestimmte Gedanken einfach auftauchen. Das stimmt. Doch Sie können beeinflussen, wie lange Sie sich mit ihnen beschäftigen, ob sie sich festsetzen und breit machen. »Wir können nicht verhindern, dass die Vögel um unseren Kopf fliegen, aber wir können verhindern, dass sie in unserem Haar ihr Nest bauen.« Dieses Bild drückt sehr gut aus, worum es geht. Wir sind nicht ohnmächtig, sondern können vieles sehr wohl steuern.

Bisweilen, besonders bei nicht allzu belastenden Themen, lassen sich negative Gedanken einfach dadurch verscheuchen, dass wir sie durchwinken: »Ihr dürft sofort weiterziehen. Ich werde mich mit anderem befassen.« Und dann lenken wir unsere Aufmerksamkeit bewusst auf das, was uns guttut. Unterstützen kann uns dabei eine Ortsveränderung. Wir können etwa aus dem Sessel aufstehen und uns in der Küche eine Tasse Tee zubereiten. Oder wir erledigen etwas, was sowieso schon geplant war.

Wenn die schweren Gedanken sich aber nicht so einfach vertreiben lassen oder weiter wild durcheinander gehen, hilft möglicherweise ein Spaziergang. Die Konzentration auf Schönes in der Natur tut der Seele gut und trägt dazu bei, die Gedanken zur Ruhe kommen zu lassen. Ich selbst mache immer wieder gute Erfahrungen mit einer einfachen Übung: Ich lege oder setze mich hin, schließe die Augen und atme tief und regelmäßig. Dabei konzentriere ich mich ganz auf das Atmen und spüre nach, wie es sich im Detail anfühlt. So kann ich vermeiden, mich gedanklich mit etwas anderem zu befassen. Wenn ich das eine Zeit lang gemacht habe, komme ich zur Ruhe und werde ausgeglichen. Meine Gedanken sind dann wieder gut sortiert. Wie ich das im Einzelnen mache, darauf werde ich ausführlicher in Teil 5 eingehen.

Um auch mit sehr schweren Themen diszipliniert umgehen zu können, ist es wichtig, beizeiten positive Gedanken zu pflegen. Damit wird sozusagen ein Klima geschaffen, in dem trübe, schwere Gedanken nicht gut gedeihen. Oder, um im Bild zu bleiben: Unser Haar erscheint im Lauf der Zeit so geordnet, dass es für Sorgenvögel, die um unseren Kopf fliegen, nicht attraktiv ist.

Wenn wir innerlich nicht sortiert sind, sondern zulassen, dass unsere Gedanken machen, was sie wollen, kann es uns so gehen wie **Peter.** Er ist gesundheitlich stark angeschlagen. Oft ist er mutlos. Viele Besuche bei verschiedenen Ärzten sind eher belastend als heilend. Die Schmerzen und die erfolglosen Behandlungen zermürben, machen Angst. Alles dreht sich irgendwie im Kreis. Kein Ausweg ist zu sehen. Peter versinkt immer mehr in seinem Kreisen um sich selbst, in einem Gefühl von Hoffnungslosigkeit, Schwere, Lähmung. Seine Familie ist ratlos. Seine Freunde und Bekannten ziehen sich mehr und mehr zurück, weil sie das ständige Klagen kaum mehr aushalten.

Aus einem solchen Gefängnis aus Sorgen und Ängsten herauszukommen, ist nicht leicht. Gedankliche Disziplin ist dabei zentral. Sie lässt sich auch in einer solch schlimmen Verfassung einüben. Dabei kann es hilfreich sein, bei den ersten Ansätzen von Grübelei und Selbstmitleid innerlich »Stopp« zu sagen; sich auszurichten auf das, was trotz allem gut ist; positive Gedanken zu pflegen, anstatt sich von negativen beherrschen zu lassen; darauf zu verzichten, immer wieder ausführlich über die Schmerzen und seelischen Tiefs zu reden; und bewusst Anteil zu nehmen an dem, was sonst noch zum Leben gehört.

Gewissermaßen ein Gegenbeispiel zu Peter ist **Petra.** Sie ist mit ihrer Brustkrebserkrankung in einer Weise umgegangen, die bei ihrer Familie und in ihrem weiteren Umfeld Respekt und Bewunderung hervorgerufen hat. Sie hat sich angesichts ihrer schlechten Prognose nicht aufgegeben, sondern alles getan, um für ihre Kinder noch möglichst lange am Leben zu bleiben. Sie beendete ihre belastende berufliche Situation und machte sich selbstständig, was ihr gut gelang. Darüber hinaus nahm sie sich professionelle Hilfe, um in ihrem Leben noch weitergehend das zu ordnen, was möglicherweise krank machend war, ihr Familiensystem, ihre Beziehung zu den Eltern. Gedanklich befasste sie sich vorrangig mit ihrer Heilung und nicht mit ihrer Krankheit. Sie redete ihrem Körper gut zu, nahm sich die Zeit, sich viel zu bewegen. So hat sie es geschafft, noch einige Jahre für ihre Kinder und ihren Mann da zu sein; dann hat der Tod sie eingeholt.

An den Beispielen von Peter und Petra wird deutlich: Unser Befinden, auch unser körperliches Befinden, wird durch unsere Gedanken stark beeinflusst, positiv wie negativ. Deshalb ist es wichtig, dass wir die Weichen richtig stellen. Das zu lernen ist nicht aussichtslos. Wie das gehen kann? Das sagt uns der alte Indianer in der schönen Geschichte.

Soziale Kontakte pflegen

Ulrike, Anfang 60 und in Rente, lebt seit dem Tod ihres Mannes vor knapp zehn Jahren zurückgezogen in ihrer großen Eigentumswohnung in einem Mehrfamilienhaus. Tochter und Schwiegersohn, kinderlos, beide voll berufstätig, wohnen drei Autostunden entfernt. Man sieht sich selten: »Die laden mich zwar immer wieder ein, aber was soll ich da? Die sind so beschäftigt. Und richtig Zeit, mich zu besuchen, haben sie auch nicht. Außerdem war die

Tochter sowieso immer Papas Kind, wir können nicht so gut miteinander.« Die anderen Bewohnerinnen und Bewohner des Hauses bekommen Ulrike oft tagelang nicht zu Gesicht, so gut wie nie hat sie Besuch. Gelegentlich ist sie allein in der Stadt unterwegs, trinkt in der Fußgängerzone einen Cappuccino, schaut vor sich hin, wirkt teilnahmslos. Leute, die sie kennen, haben den Eindruck, sie schaut bewusst an ihnen vorbei – Kontaktversuche zwecklos. Nach dem Tod ihres Mannes hatten die Kolleginnen und auch alte Bekannte sich sehr um Ulrike bemüht, doch nach und nach haben sie resigniert: »Wenn sie einfach nicht will, dann eben nicht.«

Wer im seelischen Keller sitzt, hält sich meistens weitgehend fern von seinen Mitmenschen, auch von lieben Verwandten, Freunden und Freundinnen. Das ist leicht nachvollziehbar: So möchte man/frau sich eher nicht zeigen, nicht mit anderen zusammen sein. Und alles hat ja sowieso keinen Sinn, was sollen dann Gespräche oder Unternehmungen. In so einer Situation jemanden aufzufordern, seine Höhle zu verlassen, ist meistens nicht Erfolg versprechend.

Umgekehrt wird auch ein Schuh daraus: Wer gute soziale Kontakte hat und pflegt, ist weniger gefährdet, in ein seelisches Loch zu rutschen. Das heißt: Solange es uns gut oder relativ gut geht, ist es wichtig, bestehende Kontakte zu pflegen und neue Beziehungen aufzubauen. Es macht Sinn, dann zu säen, wenn der Boden feucht ist. Dafür Zeit und Energie zu investieren, soweit uns das in »besseren Zeiten« irgendwie möglich ist, hat nicht nur seinen Wert in sich. Es ist auch eine sinnvolle Investition in die Zukunft, die möglicherweise härtere Zeiten bringt.

Sie kennen vielleicht das Bilderbuch von der Maus Frederick. Anders als seine Artgenossen und Artgenossinnen sammelt Frederick im Sommer und Herbst keine Samen und Körner für den Winter, sondern Farben. Das können die anderen Mäuse absolut nicht nachvollziehen. Sie halten ihn für verrückt und verspotten ihn. Als aber gegen Ende des Winters die Vorräte zur Neige gehen, kommt Fredericks große Stunde: In leuchtenden Farben malt er der fasziniert lauschenden Mäusegesellschaft ein prächtiges Bild der warmen, blühenden Monate und hilft dadurch sich selbst und den anderen durch die Zeit der Not.

Viele Menschen sind beruflich sehr eingespannt, da bleibt für private soziale Kontakte und Freundschaften nicht viel Luft. Diese erscheinen gemessen an den Erfordernissen des Berufs und der Familie oft als zweitrangig. Überlegen Sie selbst, wie das bei Ihnen ist. Sind Sie privat gut vernetzt, oder ruft das Gefüge Ihrer sozialen Beziehungen eher nach Erweiterung oder Vertiefung? Sind Sie so mit Arbeit eingedeckt, dass alte Beziehungen vor sich hin dümpeln und neue gar nicht entstehen können? Haben Sie Menschen, die im Notfall für Sie da sind, die auch dann an Ihrer Seite sind und Kontakt halten, wenn es Ihnen schlecht geht?

Von nichts kommt nichts. Gute soziale Kontakte zu haben ist kein Selbstläufer, es sei denn, Sie sind ein ausgesprochenes »Kontakttalent«. In der Regel braucht es Aufmerksamkeit und Offenheit für andere Menschen, bewusstes Engagement und die Bereitschaft, Zeit zu investieren. Bequemlichkeit und andere innere Schweinehunde gilt es zu entmachten, ebenso Bedenken und Unsicherheit. Es braucht Toleranz und auch Mut, sich auf andere Menschen wirklich einzulassen.

Wir gehen ein Risiko ein, enttäuscht oder verletzt zu werden.

Dennoch, gut eingebunden zu sein in ein Netz von Beziehungen kann beim Tragen von Schwerem ungeheuer hilfreich sein. Mein zweites Kind kam gesund auf die Welt, es strotzte vor Kraft und vor Lebensfreude. Nach einigen Wochen lag es eines Abends leblos in seinem Bettchen, tot, durch plötzlichen Kindstod. Damals lebte ich zusammen mit der Mutter dieses Kindes in einer Lebensgemeinschaft. Wie sehr diese uns getragen und aufgefangen hat, wurde mir erst viel später bewusst. Wir hatten viele Menschen, die mit uns trauerten, die ganz oft für uns da waren, uns spüren ließen: Ihr seid nicht allein, das Leben geht weiter, auch weiterhin gibt es Wärme in dieser Welt.

Später, als wir uns von dieser Lebensgemeinschaft getrennt hatten, da drohte uns der Boden unter den Füßen zu versinken. Die Gemeinschaft war unser Lebensinhalt gewesen, wie war es möglich, ohne sie zu leben? Wenn intensive soziale Kontakte wegbrechen, vielleicht sogar mehrere auf einen Schlag, dann kann das sehr hart sein. Es braucht Zeit, zu trauern und sich zu sammeln. Sich in neue Beziehungen hinein zu geben, ist nicht gleich möglich. Doch Rückzug als Dauerzustand lähmt. In dieser schweren Phase meines Lebens habe ich unfreiwillig gelernt, innere Kräfte zu mobilisieren. Ich konnte dadurch das Schwere durchstehen und mich danach wieder dem Leben zuwenden. Diese Kräfte waren mir im weiteren Verlauf meines Lebens sehr hilfreich, denn auch später kam noch so manches, was mich sonst vermutlich umgeworfen hätte.

Je älter ich wurde, desto bewusster wurde mir, wie sehr das Pflegen von sozialen Kontakten das Lebensgefühl positiv beeinflusst. Wichtig zu sein für andere und das spüren zu dürfen, das tut gut. Besonders im Zusammenhang mit meiner schweren Erkrankung habe ich viel Zuwendung erfahren. Viele haben nach mir geschaut, mich besucht, nach meinem Befinden gefragt und mir geduldig zugehört. Ich bin auch von mir aus aktiv geworden, habe angerufen, um mich mitzuteilen, und habe deutlich signalisiert, dass mir Besuche guttun. Und fast immer bin ich mit meinen Wünschen nach Kontakt auf offene Ohren gestoßen. Zweifellos, dieses Netz von Beziehungen hat mir vieles erleichtert.

So etwas erleben zu dürfen, ist ein großes Geschenk. Es ist mir aber nicht in den Schoß gefallen. Ich habe das Meine dazu getan, indem ich mich nicht zurückgezogen habe. Erstaunt und erfreut habe ich festgestellt, dass sich auch in fortgeschrittenem Alter Freundschaften schließen lassen. Ein gewisser Einsatz ist nötig, aber er lohnt sich!

Sinnvolles tun

»Es ist doch alles so sinnlos.« »Seit ich gesundheitlich durch meine Herzprobleme angeschlagen bin, hat das Leben wenig Sinn für mich.« »Ich mach halt meinen Job, und irgendwann ist es dann vorbei. Alt werde ich sowieso nicht.« »Ob ich mal wieder in Urlaub fahre, weiß ich nicht. Ist doch egal, wo ich bin.« »Ich hab mein Leben lang funktioniert und getan, was eben zu tun war. Ob das sinnvoll war? Keine Ahnung. Aber ich hatte jedenfalls meine Aufgaben. Aber jetzt, wo die Kinder groß sind? Eigentlich weiß ich nicht so recht, was ich hier noch soll.«

Wenn das Gefühl von Sinnlosigkeit vorherrscht, ist das Leben sehr mühsam. Gut gemeinte Ratschläge werden empfunden, als solle man sich wie Münchhausen am eigenen Zopf aus dem Sumpf der gefühlten Leere herausziehen. Selbst mit professioneller Unterstützung ist das häufig mühsam, allerdings nicht aussichtslos.

In vielen Fällen verbirgt sich hinter der Leere eine Ratlosigkeit in Zeiten erzwungener Neuorientierung oder eine Erschöpfung als Folge von Überforderung. Wenn bisherige Aufgaben wegfallen, ist es normal, dass sich die Frage nach dem Sinn des Lebens deutlicher stellt als zuvor. Über weite Strecken unseres Lebens bleibt sie meist im Hintergrund, doch sie gehört zu unserem Menschsein dazu. Für viele Philosophen war und ist sie ein zentrales Thema, und auch die verschiedenen Religionen geben Antworten darauf. Doch letztlich kommen wir nicht umhin, selbst nach einer Antwort zu suchen, die für uns persönlich stimmt.

Was Menschen als sinnvoll oder als sinnlos bewerten, da gibt es eine große Bandbreite. Zum Beispiel ein Dasein »nur« als Mutter und Familienfrau – ist das heutzutage noch sinnvoll? Diese Lebensform wird in Teilen der Gesellschaft massiv abgewertet, und viele Frauen sind selbst im Zwiespalt. Auf der Sachebene ist völlig klar: Das Aufziehen von Kindern ist eine sinnvolle, ja zentrale Aufgabe. Es ist eine der am stärksten sinnstiftenden Tätigkeiten, sie wirkt ins Zentrum unseres Menschseins hinein.

Dasselbe gilt für bezahlte Erwerbstätigkeit. Ein Beruf, der meinen Neigungen und Fähigkeiten entspricht, kann der wichtigste sinnstiftende Faktor in meinem Leben sein. Doch auch wenn ich mir mit meiner Tätigkeit oder meinen Arbeitsbedingungen schwer tue – immerhin schaffe ich damit die Existenzgrundlage für mich und meine Familie. In so einem

Fall ist es besonders wichtig, das Einkommen als zentrale Grundlage für das Familienleben zu sehen und zu würdigen.

Ob ich das, was ich tue, als sinnvoll oder eher sinnlos erlebe, prägt aller Erfahrung nach stark das Lebensgefühl. Wenn mir etwas sinnlos erscheint, ich es aber nicht ändern kann, keinen Ausweg sehe, kann das sehr belastend sein. Meistens entstehen dann früher oder später Gefühle von Überforderung und Erschöpfung. Ich erlebe mich wie im Hamsterrad oder wie im Kampf gegen Windmühlen.

Umgekehrt gilt: Wenn ich etwas Sinnvolles tue, werden Energien freigesetzt. Oft stellen sich Glücksgefühle ein – ich habe etwas bewirkt, habe etwas erschaffen, war für jemanden hilfreich, habe ein mir selbst gesetztes Ziel erreicht. Auch im Rückblick empfinde ich mein Leben insgesamt unterm Strich als leichter, wenn ich Sinn darin finden kann.

Doch was tun, wenn ich einen ungeliebten Beruf ergreifen musste; wenn ich in meine Rolle als Hausfrau und Mutter eher hineingerutscht bin, als dass ich sie bewusst gewählt hätte; wenn meine Lebensplanung durch einen Unfall oder eine schwere Krankheit durcheinander gekommen ist und ich mich völlig neu orientieren muss? Oder wenn ich das Empfinden habe, nur wenig oder gar nichts an meinen derzeitigen unbefriedigenden Lebensumständen ändern zu können?

Dazu eine kleine Geschichte von Anthony de Mello[2]. Er skizziert ein kurzes Gespräch zwischen einem Schäfer und einem Wanderer, der des Weges kommt. Dieser erkundigt sich, wie das Wetter wohl werde. Die Antwort des Schäfers:

---

2 Anthony de Mello: Weisheit kommt aus dem Herzen. Ein Lesebuch für Glückssucher. Herder-Verlag 2009.

»So, wie ich es gerne habe.« Darauf der Wanderer: »Woher wisst Ihr, dass das Wetter so sein wird, wie Ihr es liebt?« Antwortet der Schäfer: »Ich habe die Erfahrung gemacht, mein Freund, dass ich nicht immer bekommen kann, was ich gerne möchte. Also habe ich gelernt, immer das zu mögen, was ich bekomme. Deshalb bin ich ganz sicher: Das Wetter wird heute so sein, wie ich es mag.«

Die Realität um uns herum können wir längst nicht immer nach unseren Vorstellungen gestalten. Wohl aber können wir unsere innere Haltung dazu beeinflussen. Mag sein, es gelingt uns nicht so umfassend und nicht so durchgängig wie dem Schäfer, uns mit dem anzufreunden, was wir nicht in der Hand haben. Aber wir könnten wenigstens damit aufhören, uns über Dinge aufzuregen, die nicht zu ändern sind; damit vergeuden wir nur Energie und machen es uns zusätzlich unnötigerweise schwer. Und vielleicht gelingt es uns sogar, dem Ist-Zustand auch Positives abzugewinnen, so wie regnerisches Wetter ja nicht nur schlecht ist.

Vielleicht sollten wir unsere vermeintlich unveränderliche Lebenssituation auch nochmals unter die Lupe nehmen. Möglicherweise haben wir doch einen größeren Gestaltungsspielraum, als bisher angenommen – ganz so ausgeliefert wie bei dem Wetter sind wir ja vielleicht doch nicht, vielleicht ließe sich ja doch noch etwas ändern.

Falls Sie sich »zugedeckt« fühlen mit alltäglichen Anforderungen, sollten Sie sich fragen: »Was kann ich vereinfachen, abstellen, aufgeben, anders regeln, delegieren? Wo entwickle ich sinnlosen Aktionismus, tue mehr als nötig, gehe über meine Grenzen?« Diese Fragen sind auch sinnvoll, falls Sie zwar frei über Ihre Zeit verfügen können, aber dazu neigen, sich zu verzetteln, und am Abend unzufrieden sind, weil Sie dieses und jenes, aber nicht viel Sinnvolles getan haben. Auch dann ist ein »Entrümpeln« des Tagesablaufs angesagt.

In einem zweiten Schritt können Sie dann überlegen und nachspüren, was Sie in der gewonnenen Zeit gerne an Sinnvollem tun würden. Vielleicht haben Sie spontan eine Idee, was Sie reizen könnte; vielleicht kristallisiert sich erst in einem längeren Prozess heraus, was für Sie passt; vielleicht knüpfen Sie an etwas an, was Sie als Kind oder in der Jugend gern gemacht haben, was aber verschüttet wurde. Wenn Sie verschiedene Ideen haben, können Sie das eine oder andere mal ausprobieren und dabei ganz klein anfangen. Ganz wichtig ist: Sie selbst entscheiden, was für Sie persönlich, mit Ihrer individuellen Lebensgeschichte und in Ihrer speziellen Lebenssituation Sinn für Sie macht. Niemand kann das für Sie entscheiden, und niemand hat Ihnen da reinzureden oder Ihre Entscheidung zu bewerten.

Was Sie sich auch vornehmen – es ist alles in Ordnung, was Ihr Leben bereichert und Sie zufriedener und damit auch stärker macht. Wenn Sie in Ihrem bisherigen Leben überwiegend für andere da gewesen sind und Ihre eigenen Bedürfnisse und Interessen vernachlässigt haben, kann es sehr sinnvoll sein, dass Sie etwas ganz für sich persönlich tun: sich endlich mal um Ihre Gesundheit kümmern, Radfahren, Joggen, Schwimmen gehen; oder etwas Neues lernen, ein Instrument oder eine Sprache, oder sonst etwas, das passt.

Es kann aber auch sein, dass Sie sich in einer völlig anderen Ausgangslage befinden. Möglicherweise hatten Sie das Privileg, dass Sie sich bisher zur Genüge um Ihre eigenen Interessen kümmern konnten. Und gerade dadurch spüren Sie eine gewisse Unzufriedenheit, Leere und Beladenheit, obwohl Sie Ihr bisheriges Tun durchaus als sinnvoll erlebt haben. Aber jetzt möchten Sie einfach nicht länger nur um sich selbst kreisen. Oder Sie sind bereits im Ruhestand, auf den Sie sich sehr gefreut hatten, und haben viel freie Zeit, eigentlich zu viel freie Zeit, jedenfalls mehr als Sie für sich selbst und Ihre Hobbys brauchen. Dann kann sich für Sie ein Sinnzuwachs ergeben, wenn Sie etwas für andere tun oder sich für eine gute Sache engagieren.

In so einem Fall hätten Sie vielfältige Möglichkeiten. Sie könnten privat aktiv werden, ohne sich formal zu etwas zu verpflichten – vielleicht gibt es ja in der Nachbarschaft jemanden, der Unterstützung braucht. Vielleicht wäre der jungen alleinerziehenden Mutter viel geholfen, wenn sie eines ihrer Kinder gelegentlich »abgeben« könnte, um mit dem anderen in Ruhe einen Arzttermin wahrzunehmen; und der alte Herr würde sich vielleicht über einen gemeinsamen Spaziergang oder eine Spritztour ins Grüne freuen. Es gäbe auch die Möglichkeit, dass Sie in einen der vielen Vereine eintreten, die auch heute noch vor allem in ländlichen Regionen wichtige Aufgaben übernehmen. Oder Sie informieren sich bei einer Ehrenamtsbörse über die vielfältigen Möglichkeiten ehrenamtlichen Engagements: in der ehrenamtlichen Schuldnerberatung oder Bewährungshilfe, im ambulanten Hospizdienst, als Lesepate oder in der Hausaufgabenbetreuung. Oder Sie stellen zusammen mit Gleichgesinnten selbst ein Projekt auf die Beine, sozusagen maßgeschneidert für Sie mit Ihren Interessen und Kompetenzen.

Ein beeindruckendes Beispiel fand sich kürzlich in einer Senioren-Zeitschrift. Zusammen mit ihrem Ehemann und anderen hat eine Zahnärztin im Ruhestand eine mobile zahnärztliche Versorgung für Wohnungslose und andere Menschen ohne Krankenkasse organisiert. Der Kommentar des Ehemannes bringt auf den Punkt, was für einen Großteil organisierter ehrenamtlicher Arbeit gilt: »Die Einsätze im Zahnmobil geben unserem Leben Struktur: Wir stehen früh auf, haben ein sinnvolles Ziel und einen guten Tag. Wir kommen gar nicht dazu, unsere eigenen Wehwehchen zu beachten, und das ist gut so.«

Alle Erfahrungen aus der Arbeit im Ehrenamt zeigen: Wichtige Aufgaben zu übernehmen stärkt das Selbstwertgefühl. Sich einer Gruppe, Gemeinschaft, Gemeinde zugehörig zu fühlen, gemeinsam zu arbeiten und Ziele zu erreichen trägt zur Lebenszufriedenheit bei, auch noch im höheren Alter. Eigene Probleme relativieren sich. Das Gefühl, in ein größeres Ganzes eingebunden zu sein, führt zu mehr innerer Stabilität und Stärke. Der Einsatz für andere wird in der Regel als Bereicherung empfunden – natürlich müssen die Rahmenbedingungen stimmen, und das Amt muss »passen«.

Soziales Engagement unterstützt auch die geistige Leistungsfähigkeit im Alter. Wie Studien zeigen, können sogar chronisch Kranke von einem sozialen Engagement profitieren. Sie fühlen sich weniger beeinträchtigt durch ihre gesundheitlichen Einschränkungen. Etwas Sinnvolles zu tun ist ganz offensichtlich ein hoch wirksames Medikament gegen Beladenheit und Lähmung. Sie können in jedem Alter und in jeder Lebenslage mit der »Einnahme« beginnen!

In Ergänzung zu den beiden vorhergehenden Kapiteln möchte ich hier einen beeindruckenden Bericht wiedergeben, den mir eine gute Bekannte über ihre Großmutter geschickt hat:

»Meine Großmutter, Schweizerin, hat meine Kindheit sehr geprägt. Sie hatte ein sehr schweres Leben. Sie musste ihre Ausbildung zur Lehrerin abbrechen, da ihre Mutter sehr krank wurde. Dann hat sie jung geheiratet, bekam fünf Kinder, ihre drei Söhne starben lange vor ihr. Sie musste den Bauernhof verkaufen, als die Scheune abbrannte – und sie war immer stark. Sie hatte einen starken Willen, war tief gläubig – und sie hatte schon als junge Frau Interessen, die über ihre Familie, ihren Hof hinausgingen. So gründete sie mit anderen Frauen den Landfrauenverband in ihrem Kanton. Dieser Verband sollte die Bäuerinnen stärken in ihrer Identität – auch bilden, solidarisieren. Später wurde sie Präsidentin des Schweizerischen Landfrauenverbandes, war oft unterwegs auf Konferenzen, Versammlungen. Wie sie das schaffte, ist mir schleierhaft, doch ich glaube, diese Aufgabe hat ihr viel gegeben, hat ihren Horizont erweitert – und in schweren Stunden bekam sie viel Anteilnahme und Unterstützung.«

Drangehen und dranbleiben

Wie geht es Ihnen mit dem, was Sie bisher gelesen haben? Sicher haben Sie sich bei der Lektüre bisweilen gefragt: Wie ist das denn bei mir? Wie mache ich das eigentlich? Es kann gut sein, dass manches Ihnen vertraut ist, und Sie dachten:

Damit gehe ich ähnlich um, das kenne ich, da fühle ich mich bestätigt. Gratulation!

Es kann aber auch sein, dass unsere Vorschläge für Sie eine echte Herausforderung sind. Vieles etwas positiver sehen, sich nicht so schnell aufregen oder Angst bekommen, Kontakte aufbauen? Das würden Sie ja vielleicht schon gerne, haben es vielleicht auch immer wieder mal versucht, aber ohne nachhaltigen Erfolg. Vielleicht leuchten Ihnen die Zusammenhänge, die wir herausgearbeitet haben, ja ein und manches ist Ihnen vielleicht klarer geworden. Doch wie von der Einsicht und dem guten Willen zu einer dauerhaften Verhaltensänderung kommen?

Klar ist: Allein aus Einsicht und mit gutem Willen gelingt nur wenigen Menschen eine dauerhafte und tief greifende Verhaltensänderung. Warum das so ist, das ist inzwischen gut erforscht. Es hat mit der Struktur unseres Gehirns zu tun. Es müssen neue Vernetzungen, neue Nervenverbindungen im Gehirn entstehen, und das ist normalerweise nicht allein über eine Erkenntnis oder eine geistige Willensanstrengung möglich. Viele kleine, ganz praktische Lernschritte sind nötig, um neue Verhaltensmuster zu verankern. In aller Regel geht dies nicht von heute auf morgen.

Dennoch haben Einsichten und daraus folgende gute Vorsätze ihren Wert. Wenn wir Sie davon überzeugen konnten, dass es sich lohnt, in Zukunft manches anders zu betrachten und zu handhaben, dann ist das ein erster wichtiger Schritt in die »richtige« Richtung. Der zweite muss allerdings folgen: Nicht nur darüber nachdenken, und auch nicht viel darüber reden – das nimmt eher Energie weg, und solange Sie über etwas reden, müssen Sie es nicht tun. Zielführend ist vielmehr, sich klar zu entscheiden und dann ohne viele Worte dranzugehen: »Das mache ich jetzt.«

Dabei können Sie getrost klein anfangen. Die meisten der von uns vorgeschlagenen Verhaltensweisen lassen sich jede für sich genommen mit recht wenig Zeit- und Energieaufwand umsetzen. Die Reihenfolge ist nicht wichtig. Sie sollten auch nicht in mehreren oder gar allen Bereichen auf einmal etwas zu ändern versuchen. Das wäre eine Überforderung und würde die angestrebten Entwicklungsschritte eher behindern.

Eine Möglichkeit ist, mit etwas zu beginnen, das Ihnen leicht erscheint. Eine andere Möglichkeit ist, Sie fangen mit dem an, was am dringlichsten nach Veränderung ruft. Wenn der Leidensdruck hoch ist, kann die Motivation stark sein. Es kann sein, es klappt nicht gleich so, wie Sie es gerne hätten. Dann bitte nicht ärgern, das behindert Lernprozesse. Gefördert werden diese, wenn Sie sich dafür loben, dass Sie überhaupt rangegangen sind, den Fehlschlag beiseitelegen und sich auf den nächsten passenden Anlass konzentrieren. Machen Sie aus dem Fehlschlag einen »goldenen« Fehlschlag. Haben Sie Geduld mit sich, geben Sie nicht gleich auf. Mit dem schwierigsten Punkt zu beginnen, empfiehlt sich allerdings nicht, wenn Sie gerade seelisch in einem Loch stecken oder viel Stress haben. In einer solchen Situation nehmen Sie sich besser eine leichtere Aufgabe vor, die Sie mit größerer Wahrscheinlichkeit bewältigen.

Egal, was Sie verändern möchten – es hat sich bewährt, dies schriftlich festzuhalten. Notieren Sie auch, auf welche Weise Sie Ihr Ziel erreichen wollen. Vielleicht ist dieser Vorschlag ungewohnt für Sie, und Sie können ihm zunächst nicht viel abgewinnen. Doch wenn Sie schwarz auf weiß haben, was Sie wollen und wie Sie Ihrer Vorstellung nach dahin gelangen, ist das hilfreich. Sie können immer wieder nachlesen, wozu Sie sich entschieden haben, als Gedächtnisstütze und als Grundlage für weitere Schritte. Ohne schriftliche Fixierung gehen viele Vorsätze sehr schnell in der alltäglichen Routine unter. Einwände wie:»Was soll das? Ich hab doch im Kopf, was ich will«, oder:»Noch eine Verpflichtung zu allem anderen, das ich sowieso zu bewältigen habe«, oder:»Das liegt mir nicht, ich mach das lieber spontan«, sind unserer Erfahrung nach oft unbewusste Ausflüchte, um doch nicht dranzugehen.

Zu so einem»Programm« gehört auch, jeden Tag etwas Zeit zur Reflexion einzuplanen. Notieren Sie ebenfalls, wann Sie die Reflexion in Ihren Tagesablauf einbauen wollen: im Zug bei der Heimfahrt von der Arbeit, nach dem Abendessen, vor dem Schlafengehen? Oder gleich am Morgen, bevor der Tag mit seinen Anforderungen auf Sie einstürmt? Sicher gibt es auch mal Tage, an denen Ausnahmen nötig sind. Das Programm sollte kein starres Korsett sein. Doch es erleichtert den Einstieg und wird dann zu einer erfolgsfördernden Gewohnheit.

Diese tägliche»Nachlese« dient dazu, Bilanz zu ziehen. Wie ging es mir heute mit meinem Anliegen? Habe ich kleine Lernschritte gemacht? Geben Sie jedem kleinen Erfolg die gebührende Anerkennung – Sie brauchen ihn vielleicht früher oder später, um durchzuhalten. Bin ich wieder in alte Verhaltensmuster zurückgefallen? Auch Rückfälle gehören zum Lernen dazu. Am Ende Ihrer jeweiligen Bestandsaufnahme sollten Sie dann noch festlegen, was Sie sich als Nächstes vornehmen. Sie können in Ihren Arbeitsplan auch Belohnungen einarbeiten, etwa wenn Sie ein bestimmtes Ziel erreicht oder über eine selbst gesetzte Zeitspanne einen Vorsatz durchgehalten haben.

Es ist klar, dass so ein Vorgehen einiges an Disziplin erfordert. Einfacher sind tief greifende Veränderungen in der Regel nicht zu haben. Doch Sie werden merken, dass sich der Aufwand lohnt, und auch große Ziele lassen sich mit Ausdauer in vielen kleinen Schritten erreichen. Vielleicht versuchen Sie es einfach mal. Wenn Sie es schaffen, Ihre inneren Widerstände zu überwinden, sind Sie schon allein dadurch mental stärker geworden. Mir persönlich hilft zum Thema Dranbleiben eine kurze Geschichte. Sie stammt ebenfalls aus dem schon erwähnten Buch von Otto Brink:

Ein Freund musste wegen einer schweren Augenkrankheit mit der Gefahr der Erblindung neun Monate lang im Bett liegen. Seine Muskulatur wurde dünn und schwach. Nach der Entlassung aus dem Krankenhaus sagte er zu seiner Frau: »Ich will wieder gehen und laufen lernen, fahr mich bitte in den Wald.« Mühsam stieg er in das Auto. Im Wald konnte er mit letzter Kraft aus dem Auto steigen und einen einzigen Schritt gehen und wieder einsteigen. Er sagte: »Ich gehe täglich einen Schritt mehr.«

Wir lernten uns beim Joggen kennen und sind so manche Stunde zusammen gelaufen. Er sagte: »Im nächsten Jahr mache ich den Marathonlauf in Berlin mit.«

Teil 2:
Loslassen, was war

Vermutlich kennen Sie den Filmklassiker »Alexis Sorbas«. Dann kommt Ihnen bestimmt als Erstes die beeindruckende Szene am Schluss in den Sinn. Der alte Mann sitzt da und lacht und lacht, als sein Lebenswerk, eine Transportseilbahn, einstürzt. Vor Begeisterung strahlend wendet er sich an seinen fassungslosen Partner mit den Worten: »Hast du jemals etwas so schön einstürzen sehen?«

Menschen, die leicht leben, die keine Altlasten mit sich tragen, die sich so mühelos wie Alexis Sorbas von Misslungenem und Bedrückendem lösen können, faszinieren uns. Nur wenigen ist diese Gabe in die Wiege gelegt. Viele Menschen sammeln im Lauf ihres Lebens Verletzungen, Verluste und Enttäuschungen wie Grabsteine und schleppen sie mit sich herum. So engen immer mehr Gefühlstrümmer ihr Empfinden und Handeln ein.

Leichter leben lernen – dafür ist das Loslassen von Altlasten zentral. Wie das gehen kann? Es erfordert auf jeden Fall ein gewisses Maß an mentaler Stärke. Diese lässt sich erwerben, indem wir an einigen Punkten immer wieder die inneren Weichen richtig stellen, hin zu diszipliniertem positiven Denken, zu innerer Gelassenheit und zu sinnvollem Tun. Auf dieser mentalen Grundlage ist es möglich, ans Wegräumen von belastenden Lebenstrümmern zu gehen. Unsere Anregungen dazu finden Sie in den folgenden Kapiteln. Wir sind aus Erfahrung überzeugt: Etwas von der Leichtigkeit eines Alexis Sorbas kann eingeübt werden.

Heraus aus der Opferrolle

Wie würden Sie einen Menschen beschreiben, der in einer Opferrolle gefangen ist? Klagend? Unzufrieden? Alles negativ sehend? Ohne Schwung? Ohne Hoffnung? Todunglücklich? Sich selbst bedauernd? Verbittert? Oder anklagend? Andere seien schuld an ihrer Misere, zum Beispiel die Eltern, eine frühere Partnerin oder ein früherer Partner. Das Leben sei so ungerecht. Andere hätten es viel besser …

Bei dieser Aufzählung musste meine Frau unwillkürlich an eine Klientin denken, die sie als junge Schwangere kennengelernt und immer mal wieder ein Stück ihres Wegs begleitet hatte.

Nadine, inzwischen Mitte 40, verheiratet, ohne Ausbildung, hat aus einer früheren Beziehung eine jetzt 18-jährige Tochter. Selten wirkte sie anders als unzufrieden, unglücklich, verbittert. Nichts war so, wie es ihrer Vorstellung nach hätte sein sollen: Der Vater ihrer Tochter kümmere sich persönlich gar nicht um sie und zahle nur sehr unregelmäßig und auf Druck Unterhalt für sein Kind. Finanziell sei es sowieso immer knapp bei ihnen, ihr Mann verdiene einfach zu wenig. Ihre Tochter habe einen viel älteren festen Freund, unter dessen Einfluss sie wohl demnächst die Schule schmeißen und sich einen Job suchen werde. Dabei hatte Nadine alles für ihre Tochter getan.

Wenn ihre Eltern sich damals so um sie gekümmert hätten, wäre sie nicht in die Beziehung zum Vater ihrer Tochter hineingeschlittert. Und als sie dann das Kind bekam, sei sie ganz auf sich gestellt gewesen; von ihren Eltern habe es nur Vorwürfe gegeben. Überhaupt ihre Eltern ...

Menschen, die sich als Opfer fühlen, denen geht es schlecht. Oft kommt eines zum anderen. Aus einer Mücke wird ein Elefant gemacht. Es stört die Fliege an der Wand. Jedes kleine Missgeschick wird sorgfältig auf dem Opfer-Konto verbucht. »Natürlich« ist dies oder jenes mal wieder schiefgegangen, das ist »immer« so – alles passt ins Opfer-Schema. Das Glas wird immer leerer, bis schließlich gar nichts mehr drin ist, und dass es sich je wieder füllen wird, ist nicht zu erwarten.

So ein Lebensgefühl ist nicht nur für die Betroffenen selbst, sondern auch für die Menschen um sie herum kaum auszuhalten, zumal kritische Anmerkungen und Ratschläge genauso wirkungslos verpuffen wie aufmunternde Worte. Allmählich wird es einsam um viele, die sich als Opfer fühlen und entsprechend verhalten. Und das ist dann wieder ein Grund mehr, sich verstärkt als Opfer zu fühlen.

Umgekehrt gibt es Menschen mit schweren Schicksalen, zum Beispiel schlimmen Krankheiten, die alles tun, um nicht in eine Opferrolle zu geraten. Sie wissen, das macht die Situation nur noch schlimmer. Es ist oft enorm, wie viel seelische Kraft sie mobilisieren, um da nicht hineinzurutschen. Sie vermeiden, dass Schweres noch schwerer wird, denn es ist ja auch so schon schwer genug. So wachsen sie gleichsam über sich selbst hinaus, sind diszipliniert, haben erstaunlich viel Humor.

Zu unserem Freundes- und Bekanntenkreis gehören viele, die wir bewundern, weil sie aufrecht ihr Leben leben. Trotz körperlicher Einschränkungen wie Taubheit, heftigen chronischen Schmerzen oder einer voraussichtlich sehr begrenzten Lebenszeit setzen sie ihre Kraft ein und kämpfen um eine möglichst hohe Lebensqualität. Sie haben gelernt, vieles nicht mehr wichtig zu nehmen und sich auf das Wesentliche zu konzentrieren. Sie leben bewusst, intensiv und sind interessiert an vielem. Sie sind demütig, weil sie ihre Grenzen kennen und annehmen, ohne ständig gedanklich um ihre Einschränkungen zu kreisen oder sich um ihre Zukunft Sorgen zu machen. Jeden Tag als Geschenk zu sehen und zu erleben, das fällt ihnen als Frucht ihrer inneren Haltung zu.

Von einer alleinstehenden Freundin, die aus gesundheitlichen Gründen sehr früh ihren Beruf aufgeben musste und allen Grund gehabt hätte, sich um ihr weiteres Leben zu sorgen, haben wir folgenden Text voller Leichtigkeit erhalten: »Ich gehe mit meinem Problem einen Hügel hoch, oben: feine Sonne, leichte Brise. Dann packe ich mein ›Sorgenkind‹ in einen Luftballon, binde ihn fest zu, lasse ihn los und puste ihn in den Luftstrom, sehe ihm nach, wie er langsam verschwindet …«

Vermutlich können Sie nachvollziehen, dass nicht nur wir gerne mit dieser Freundin zusammen sind, sondern auch viele andere Menschen. Belastende Opferrolle: Fehlanzeige.

Die meisten Menschen, die in einer Opferrolle gefangen sind, würden gerne anders leben – leichter, aktiver, zufriedener, unbeschwerter. Jedenfalls sagen sie das. Diejenigen, die ihnen zuhören oder sie besser kennen, haben da jedoch ihre Zweifel. Ihrem Eindruck nach haben sich viele »Opfer« in ihrer Rolle ganz gut eingerichtet und ziehen auch einen Gewinn daraus. Sie selbst können das zwar nicht sehen und würden es heftig bestreiten, wären gekränkt oder empört über eine solche Unterstellung. Doch in der Regel liegen die lieben Mitmenschen mit ihrem Eindruck richtig, denn Opfer zu sein hat neben Nachteilen auch versteckte Vorteile:

Wenn meine Gedanken immer wieder um mich und mein Elend kreisen, bin ich voll beschäftigt und habe keine Zeit, mich den eigentlichen Problemen zu stellen, die Ursache für mein Elend sein könnten.

Zumindest eine Zeit lang bekomme ich Aufmerksamkeit und Mitgefühl, weil ich ja so arm dran bin.

Die »Schuld« an der eigenen Situation und Befindlichkeit nach außen zu verlagern, ist eine Möglichkeit, die Verantwortung abzugeben, denn nur Täter haben eine Verantwortung, Opfer nicht.

Als Opfer muss ich auch nichts ändern, weil Opfer hilflos sind und nichts ändern können.

Als Opfer darf ich mich ungeniert gehen lassen; Anforderungen kann ich abblocken, es geht mir ja so schlecht, da ist (fast) alles eine Zumutung.

Die negativen Gefühle verhindern eine gefühlsmäßige Leere. Sie sind Ersatz für fehlende positive Empfindungen. Es ist besser, sich mit negativen Gefühlen herumzuplagen, als sich gar nicht zu spüren.

Zudem, wer weiß, welche Gefahren eine Veränderung bringen würde? Lieber nicht an den zwar unbefriedigenden, aber stabilen Zustand rühren und den damit verbundenen seelischen Stillstand in Kauf nehmen.

Bei manchen Menschen steht das »Opfersein« völlig im Vordergrund. Doch es gibt auch Menschen, bei denen es nicht so stark ausgeprägt ist, die sich nur in einer bestimmten Hinsicht als Opfer fühlen, etwa in ihrer Partnerschaft oder im Verhältnis zu ihren Eltern, bezogen auf ihre Gesundheit oder auf ihre Arbeitssituation. Ihr Lebensgefühl als Ganzes wird nur teilweise verdunkelt von ihrem Leiden in diesem speziellen Teilbereich. Die Gefahr ist jedoch groß, dass dieser immer gewichtiger wird und schließlich das gesamte Erleben vom Gefühl der Aussichtslosigkeit bestimmt wird. Wer sich in der Opferrolle erst einmal so richtig eingerichtet hat, tut sich schwer damit, wieder aus ihr herauszukommen. Andererseits sind die Erfolgschancen recht groß, solange allein ein Bereich betroffen ist oder das Opfergefühl nur gelegentlich hochkommt.

Also was tun? Falls Sie bei sich »Opfertendenzen« feststellen, können Sie auf viele der mentalen Techniken zurückgreifen, die wir Ihnen vorgestellt haben. Erinnern Sie sich bewusst an das, was gelungen ist in Ihrem Leben, und sei es auch wenig. Damit schaffen Sie ein wirksames Gegengewicht gegen das Schlimme und Ungerechte, das Ihnen widerfahren ist. Bei genauem Hinsehen finden Sie vermutlich, sofern Sie es wirklich wollen, viel mehr an Positivem, als Sie dachten. Richten Sie Ihren Blick immer wieder diszipliniert auf Erfreuliches und Schönes, das es in Ihrem gegenwärtigen Leben vermutlich auch gibt. In diesen Punkten jedenfalls werden Sie keinen Grund zum Klagen haben. Desgleichen hilft die Pflege positiver Gedanken, um herauszukommen aus der Opferrolle und weg von dem damit verbundenen reduzierten Lebensgefühl.

Vieles hat zwei oder mehr Seiten, und bei genauerem Hinsehen zeigen sich manchmal Auswege, die zunächst nicht erkennbar waren. Wenn Sie zum Beispiel über Ihre berufliche Situation sehr unglücklich sind, sollten Sie konkret überlegen, was Sie tun können. Einfach weiter zu leiden, ist die schlechteste aller denkbaren Lösungen. Es tut niemandem gut. Gehen Sie verschiedene Varianten durch: Können Sie an dem, was Sie belastet, etwas ändern? Falls ja, was wäre das, und wie könnten Sie es bewerkstelligen? Falls nein, steht eine pragmatische Entscheidung an: Entweder Sie suchen konsequent und ausdauernd nach einer anderen Arbeitsstelle, auch wenn diese nicht alle Ihre Vorstellungen erfüllt. Oder Sie finden sich mit der bestehenden Situation ab, auch wenn es Ihnen schwerfällt, und machen das Beste daraus. Stoppen Sie Ihre trüben Gedanken gleich im Ansatz, um zu verhindern, dass Sie in eine Abwärtsspirale geraten und sich am Ende in dem altbekannten Opferloch wiederfinden. Machen Sie sich die positiven Seiten klar. Das Glas ist nicht ganz leer: Immerhin bietet Ihre Stelle Ihnen und gegebenenfalls Ihrer Familie eine Existenzgrundlage. Es gibt viele Arbeitslose, die liebend gerne Ihre Arbeit tun würden, und es gibt sicher noch ungünstigere Arbeitsverhältnisse. Bei belastenden Dingen, die sich nicht ändern lassen, auch die positiven Aspekte in den Blick zu nehmen, kann als befreiend empfunden werden.

Falls Sie sich in Ihrer Partnerschaft immer wieder als das Opfer fühlen, dem Unrecht geschieht, haben wir noch ein paar spezielle Informationen und Hinweise für Sie. Bei Paarkonflikten erleben sich unserer Erfahrung nach meist beide als Opfer, »schuld« ist »immer« der andere. Das ist natürlich eine völlig einseitige Wahrnehmung und geht an der Realität vorbei. In aller Regel sind beide aktiv beteiligt, wenn es kracht oder dauerhaft schwierig ist. Wenn Sie möchten, dass sich etwas ändert, sollten Sie sich einmal bewusst in die Lage des anderen versetzen – wie geht es ihm/ihr wohl, wenn ich mich so verhalte wie gerade eben? Würde mir das gefallen, wenn ich so behandelt würde? Auf diese Weise erkennen Sie, dass Sie nicht immer nur Opfer sind, sondern auch Täter oder Täterin.

Sofern Sie genug haben von den immer wiederkehrenden gegenseitigen Schuldzuweisungen, können Sie aktiv werden, indem Sie an Ihrem eigenen Verhalten etwas ändern. Den anderen zu ändern geht nicht, das haben Sie vermutlich schon oft vergeblich versucht. Der Blick auf Ihre eigenen »Täteranteile« hilft Ihnen aus der lähmenden Opferrolle heraus. Sofern Sie sich selbst anders verhalten, kann wie bei einem Mobile etwas in Bewegung kommen, hin zu einer weniger konflikthaften Beziehung. Ihre Verhaltensänderungen können der Startimpuls dafür sein, dass sich die Dynamik in Ihrer Partnerschaft zum Besseren verändert.

Relativ häufig kommt es vor, dass sich Menschen bezogen auf die Eltern als Opfer fühlen. Das kann sich in vielen Bereichen des Lebens negativ auswirken. Wenn Sie bezogen auf Ihre Eltern ein größeres Problem haben, sollten Sie das in Ihrem Interesse unbedingt angehen. Dazu Näheres in Teil 4.

Wenn Sie sich als Opfer fühlen, Ihnen aber das, was Sie bisher gelesen haben, nicht wirklich weiterhilft, stecken Sie vermutlich rundum in einer Opferrolle fest, wie eine Raupe in ihrem Kokon. Dann brauchen Sie zusätzlich zu mentalen Techniken eine tiefer gehende Neuorientierung, möglicherweise auch therapeutische Unterstützung. Schon oft haben wir bei unserer Arbeit erlebt, dass nach einer entsprechenden gemeinsamen Arbeit der Kokon aufging und ein wunderschöner Schmetterling hervorkam. Warum sollte nicht auch bei Ihnen diese Metamorphose gelingen?

Sich aus alten Verhaltensmustern lösen

Felix, verheiratet, Vater von zwei Kindern, ist ein eher zurückhaltender Mensch. Obwohl er eine intakte Familie hat und beruflich erfolgreich ist, neigt er im Umgang mit anderen Menschen dazu, gehemmt zu sein und sich abzuwerten. Er meint, er habe nichts zu sagen. Vor allem in Gruppen fühlt er sich unwohl und geht in die innere Emigration. Soweit irgend möglich, vermeidet er solche für ihn unangenehme Situationen. Seiner Frau zuliebe geht er zwar zu den wichtigsten Familienfesten mit, und wegen seiner beiden Kinder drückt er sich auch nicht vor jedem Ausflug im Freundeskreis. Doch oft findet er eine Ausrede, und jedes Mal ist er froh, wenn das Treffen überstanden ist. Ihm ist schon klar, dass er da ein Problem hat. Er spürt, wie ihn sein Verhalten einengt, wie er sich selbst im Weg steht. Gerne würde er sich mehr einlassen, mehr dazugehören, sich im Umgang mit den anderen sicherer fühlen. Doch er kann nicht heraus aus seiner Haut und versucht daher weiter, irgendwie damit zurechtzukommen.

Das Beispiel von Felix ist eines von vielen, wo Menschen in einer Rolle stecken, die ihnen nicht guttut. Manche brauchen wie Kinder immer wieder Anerkennung und Bestätigung und geraten völlig aus dem seelischen Gleichgewicht, wenn diese ausbleibt; manchen macht Kritik so sehr zu schaffen, dass sie tagelang daran tragen; manche setzen sich ständig unter

Druck, weil sie Angst haben, zu wenig zu leisten; und manche stehen unter dem Zwang, alles perfekt machen zu müssen.

Anders als Felix merken längst nicht alle, dass sie es sich selbst unnötig schwer machen. Ihr Verhalten ist für sie vielmehr ganz normal. Sie sind es von klein auf gewohnt. Es ist für sie ganz selbstverständlich, alles so gut wie eben möglich zu machen und immer an die Grenze der eigenen Leistungsfähigkeit zu gehen. Und es ist doch klar, dass jeder Mensch Lob braucht, und niemand steckt Kritik einfach weg. Sie sind nach ihrem Selbstverständnis nicht »überempfindlich« gegen Kritik oder »perfektionistisch«, und ihr Bedürfnis nach Anerkennung ist auch nicht »übertrieben« – wer das behauptet, der liegt einfach falsch! Dass es ihnen oft schlecht geht, liegt im Wesentlichen daran, dass »die anderen« sie nicht verstehen und ihre berechtigten Bedürfnisse nicht respektieren. Und die anderen? Die verstehen gar nicht, was sie falsch gemacht haben sollen.

Wie zum Beispiel der Mann von **Silvia.** Er liebt seine Frau wirklich, aber es gibt Situationen, in denen er ratlos oder sogar genervt ist. Immer wieder fragt sie ihn, ob er sie noch liebt. Vor allem, wenn er beruflich sehr eingespannt und mit den Gedanken woanders ist, denkt sie gleich, sie ist ihm nicht mehr wichtig. Reagiert er dann auf ihre Nachfrage ein wenig unfreundlich, entwickelt sich ein Drama mit Vorwürfen und Tränen. Er weiß nicht, wie ihm geschieht. Wieso zweifelt sie immer wieder an seiner Liebe? Wieso braucht sie so viel Aufmerksamkeit? Wieso wirft es sie gleich um, wenn er mal ein bisschen weniger liebevoll ist? Er sieht schon, dass es ihr wirklich schlecht geht und sie etwas von ihm braucht. Doch manchmal ist er halt müde und kaputt, dann überfordern ihn ihre Erwartungen. Seine eigentlich wunderbare Frau kann auch ganz schön anstrengend sein …

Menschen wie Felix und Silvia sind in alten Verhaltensmustern gefangen. Irgendwann früher, meist schon in ihrer Kindheit, hat sich ein bestimmtes Verhalten entwickelt, und damals hatte es auch seinen Sinn. Es war die Antwort des Kindes oder Jugendlichen auf entsprechende Lebensumstände oder elterliche Erwartungen. Jetzt, im Erwachsenenalter, sind diese früheren Strategien im Grunde überholt, nicht mehr angemessen, überflüssig und oft nur hinderlich.

Diese Zusammenhänge zu erkennen, kann ein erster Schritt sein, aus der Falle herauszukommen. Wenn Sie selbst den Eindruck haben, sich durch bestimmte Verhaltensweisen immer wieder selbst ein Bein zu stellen, oder wenn andere Sie darauf aufmerksam machen, sollten Sie handeln.

Überlegen Sie zunächst, wo und wann Sie dieses jetzt eher belastende und einengende Verhalten gelernt haben. Prüfen Sie dann, ob dieses Verhalten jetzt wirklich noch nötig oder zumindest sinnvoll ist – immerhin sind Sie jetzt erwachsen und haben viel an Lebenserfahrung gesammelt. Sie haben etwas zu »bieten«, es gibt keinen Grund, dass Sie sich abwerten. Machen Sie sich außerdem klar: Sie sind nicht mehr von dem Urteil Ihrer Eltern oder sonstiger Autoritäten abhängig. Sie dürfen zu Ihren eigenen Wertvorstellungen stehen und müssen sich nicht verbiegen, um Erwartungen gerecht zu werden. Sie müssen niemandem mehr etwas beweisen, indem Sie viel leisten und Anforderungen perfekt erfüllen. Sie dürfen Fehler machen, Anlass zu Kritik geben, etwas nicht schaffen – und trotzdem bleiben Sie liebenswert und wertvoll.

Es ist normal, nicht in allen Bereichen gut zu sein. Schauen Sie auf Ihre Stärken und verurteilen Sie sich nicht wegen Ihrer Schwächen. Diese sind auch Teil Ihrer gewachsenen Persönlichkeit und dürfen dazugehören. Sie sollten aber nicht im Zentrum Ihrer Selbstwahrnehmung stehen, sondern eher am Rande. Zentral sollte für Sie sein, was Sie gut können. Das bauen Sie am besten noch weiter aus. Was noch nicht so gut ist, nehmen Sie als Herausforderung und Chance, zu reifen und zu wachsen.

Würdigen Sie, was Sie bisher in Ihrem Leben zuwege gebracht haben. Freundlichkeit und Anerkennung sind die beste Voraussetzung für weitere Lernschritte. Richten Sie Ihr Augenmerk auf kleine Erfolge. Ihnen Nahrung zu geben und sie zu pflegen, fühlt sich nicht nur gut an, sondern fördert Fortschritte.

Feste Verhaltensmuster zu ändern, braucht meistens Zeit. Manchmal ist es eine Lebensaufgabe, und manchmal reicht mentales Arbeiten allein nicht aus. Vor allem, wenn die einengenden Verhaltensweisen weit her aus der eigenen Lebens- oder Familiengeschichte stammen, ist noch anderes nötig. Wie Sie in solchen Fällen weiterkommen, dazu finden Sie in Teil 4 Erläuterungen und praktische Vorschläge. Zunächst jedoch bleiben wir noch auf der mentalen Ebene. Mental zu arbeiten, ist in vielen Fällen schon die »halbe Miete«.

Ballast abwerfen

»Jeder hat sein Päckchen zu tragen« – diese tröstlich gemeinte Feststellung ist sicherlich nicht falsch. Bisweilen löst sie aber recht heftige Reaktionen aus. Die Ehefrau, bei deren Mann, Mitte 50, ein paar Tage zuvor Parkinson diagnostiziert wurde, sieht zentnerschwere Lasten auf die ganze Familie zukommen – von wegen »Päckchen«. Die Mutter, von einer lange nicht gesehenen früheren Schulkameradin nach den Kindern befragt, erzählt von den massiven Drogenproblemen ihres jüngsten Sohnes – der Hinweis auf das »Päckchen«, das jeder zu tragen habe, macht sie so wütend, dass sie das Treffen abbricht.

Aber auch ohne aktuellen Anlass ist der Verweis auf das berühmte »Päckchen« für viele Menschen nicht wirklich hilfreich. Denn sie reisen nicht mit leichtem Gepäck, sondern schleppen einen schweren Lebensrucksack mit sich herum. Darin stecken all die im Leben erfahrenen Verletzungen und Kränkungen, Enttäuschungen und unerfüllten Erwartungen mitsamt dem daraus entstandenen Hader und Groll. Darin steckt Trauer über Verluste, die noch nicht bewältigt sind. Darin stecken auch Verpflichtungen und Verantwortlichkeiten, die Druck machen, sowie Sorgen und ungelöste Probleme. Komplettiert wird das Sammelsurium oft durch Schuldgefühle, die sich immer mal wieder melden.

Meistens ist der Inhalt nicht gut sortiert, sondern bildet ein unübersichtliches Durcheinander. In vielen Fällen haben die Besitzer nur einen ungefähren Überblick über den Inhalt. Schon lange haben sie den Rucksack nicht mehr geöffnet und nachgesehen, was im Einzelnen drin ist und was davon besonders schwer drückt.

Oft genug enthalten Lebensrucksäcke mehr Ballast als nötig. Vieles ist schon ganz lange drin, schon seit der Kindheit oder Jugend. Im Lauf der Zeit hat sich dann immer mehr angesammelt. Manches haben die Besitzer bewusst reingepackt, weil es so gut zu dem gepasst hat, was sowieso schon drin war, zum Beispiel an Enttäuschungen oder Vorwürfen. Manches haben sie sich auch einfach reinstecken lassen, zum Beispiel Pflichten. Anderes hat sich einfach so, aus einer gewissen Unachtsamkeit oder Nachlässigkeit, angesammelt. Es gibt sogar Dinge darin, die ihnen ganz gewiss nicht gehören, die sie aber schon lange mitschleppen. Ob sie wirklich alles brauchen, was da drin ist?

Bei schweren Lebensrucksäcken ist dringend Entrümpeln angesagt. Wie das geht? Eigentlich ist das klar: den Inhalt erst mal auspacken; in Ruhe sichten, was da zum Vorschein kommt; manche Dinge weggeben oder wegwerfen; andere zwischenlagern, bis ihre endgültige Bestimmung klar ist; und schließlich das, was aufbewahrenswert erscheint, wieder einpacken oder, besser noch, ihm gut sichtbar einen Platz geben.

Herbert beispielsweise hat einen schweren Lebensrucksack. Sein Leben lang hat er getragen. Inzwischen ist er Ende 60. Er stammt von einem Bauernhof. Seine Kindheit bezeichnet er als ausgesprochen hart. Dass er nach der Volksschule weiter lernen durfte, erreichte er nur mit Hilfe des Pfarrers. Sein Vater willigte schließlich ein, vermittelte ihm aber das Gefühl, er habe ihn und den Hof im Stich gelassen. Irgendwie schaffte Herbert es, ohne Unterstützung von daheim den Besuch einer Fachschule zu finanzieren. Bitter stellt er fest, nichts sei ihm geschenkt worden, alles habe er sich gegen Widerstände schwer erarbeiten müssen, auch später im Beruf.

Herbert war in verschiedenen sozialen Einrichtungen tätig und arbeitete sich beruflich immer weiter hoch. Er war tüchtig und anerkannt. Schließlich erreichte er eine leitende Funktion in einer Einrichtung der Behindertenhilfe. Doch hier lief es dann bald nicht mehr rund. Es gab Schwierigkeiten mit seinen Mitarbeiterinnen und Mitarbeitern, ihm wurde Führungsschwäche vorgeworfen. Die Kritik machte ihm sehr zu schaffen, er musste sich immer wieder krankschreiben lassen. Mit Ende 50 willigte er dann widerstrebend in den ihm vorgeschlagenen Aufhebungsvertrag ein. Er empfand diese »Lösung« als einen ungerechtfertigten und demütigenden Rauswurf. Bis heute hadert er damit und kommt immer wieder darauf zu sprechen.

Zusätzlich hat er jetzt im Ruhestand gesundheitliche Probleme, die ihm massiv Angst machen. Er fragt sich, wie lange er noch »durchhält«. Familiär ist es auch schwierig: Seine deutlich jüngere Frau, sehr tüchtig in ihrem Beruf, verdient den Großteil des Familieneinkommens, was sie ihn auch spüren lässt. Er fühlt sich ihr gegenüber als Versager und ärgert sich über ihre Art. Er hätte gern mehr Verständnis von ihr. Seine erwachsene Tochter tut sich mit dem Berufseinstieg schwer. Um sie macht er sich große Sorgen und wäre gerne ihr Gesprächspartner; sie aber lässt ihn abblitzen und redet allenfalls mal mit ihrer Mutter.

Herbert schleppt viel Ungelöstes mit sich herum. Mit vielen und vielem lebt er nicht in Frieden, angefangen von seiner Kindheit auf dem Bauernhof über die mangelnde Unterstützung durch seinen Vater bis hin zu seiner nicht wirklich glücklichen Ehe. Die Beendigung seines Arbeitsverhältnisses liegt mittlerweile etwa zehn Jahre zurück, und immer noch kreisen seine Gedanken darum, wie unfair damals mit ihm verfahren wurde. Sein gegenwärtiges Leben ist bestimmt von Unzufriedenheit über Vergangenes und Gegenwärtiges sowie Sorgen um die Zukunft. Alles lastet schwer. Sein Lebensrucksack gehört dringend durchgesehen und entrümpelt.

Auch beim Ausmisten von Lebensrucksäcken sind viele der mentalen Techniken hilfreich, die wir Ihnen schon erläutert haben: auf das schauen, was gut ist; nicht dramatisieren; negative Gedanken stoppen; nicht nur um sich und die eigenen Probleme kreisen; das Leben insgesamt sinnvoll gestalten. Mit dieser Haltung gelingt es meistens erstaunlich gut, schrittweise Ballast loszuwerden. Wie könnte das bei Herbert aussehen?

Schauen wir zunächst in seine Vergangenheit. Herberts Kindheit war nun mal so, wie sie war, und sein Vater war, wie er war. An den Fakten kann Herbert nichts ändern, wohl aber an seiner Sichtweise; und vor allem sollte er die alten Geschichten endlich ruhen lassen. Es mag schwierig oder gar schlimm gewesen sein, aber es ist vorbei. Und dadurch, dass Herbert sich durchbeißen musste, ist er auch stark geworden. Außerdem kommen ihm nach einigem Überlegen auch positive Erinnerungen. Manches war ja auch ganz in Ordnung.

Entsprechendes gilt für seine Berufstätigkeit: Er hatte viele befriedigende Jahre, in denen es rund lief und er viel Anerkennung bekam. Die Gedanken an diese Zeiten sollte Herbert pflegen und das für ihn bittere Ende seiner Berufstätigkeit nach so vielen Jahren endlich abhaken. Mit dem weiter zu hadern, was vorbei und nicht mehr zu ändern ist, tut ihm nicht gut. Nichts wie weg damit!

Beim Blick auf Herberts aktuelle Lebenssituation zeigt sich ebenfalls einiges, was aussortiert gehört. Seine Tochter ist kein Kind mehr; ihre berufliche Situation so sehr zu seinem eigenen Problem zu machen, tut weder ihm noch seiner Tochter gut. Sie muss ihren eigenen Weg finden. Ihre Schwierigkeiten gehören in ihr eigenes Gepäck und nicht in das des Vaters! Bezogen auf Herberts Unzufriedenheit mit seiner Ehesituation gilt vor allem: Raus aus der Opferrolle! Denn sich als Opfer zu fühlen, macht das Leben bekanntlich unnötig schwer.

Bleiben Herberts Sorgen, wie es gesundheitlich wohl mit ihm weitergehen wird. Sie belasten ihn zusätzlich und verstärken eher seine gesundheitlichen Probleme. Es gilt, in Zukunft den Ball flach zu halten, statt sich zusätzlichen Sorgen-Ballast aufzuladen – »mal sehen«, wie es wird. Und es täte ihm gut, die weise Empfehlung zu beherzigen: »Geh, soweit dein Auge reicht, dann siehst du weiter.«

In vielen Lebensrucksäcken stecken ein paar »typische« Altlasten, bei Herbert zum Beispiel der Hader über seine Kindheit. Dazu kommen meist noch individuell verschiedene Pakete. In dem einen Fall ist es eine lange zurückliegende Scheidung, in dem anderen der Tod eines Kindes; in einem dritten der Kontaktabbruch des erwachsenen Sohnes; in einem vierten das den Eltern gegebene Versprechen, sich dauerhaft um die geistig behinderte Schwester zu kümmern, wenn die Eltern das nicht mehr können; in noch einem anderen die gespürte Verpflichtung, das vom Urgroßvater erbaute Haus im Besitz der Familie zu halten. Und ... und ... und ...

Wie es wohl in Ihrem Lebensrucksack aussieht? Was hat sich da im Lauf des Lebens an Ballast angesammelt? Vermutlich ist auch bei Ihnen einiges dabei, was den Rucksack unnötig schwer macht. Schauen Sie doch mal rein und verschaffen Sie sich einen Überblick. Manches von dem, was Sie da an Belastendem entdecken, ist Ihnen vielleicht so lieb und wert, dass Sie sich nur schwer davon trennen, selbst wenn es eigentlich nicht zu Ihnen gehört. Und manches können Sie gar nicht so einfach ablegen wie einen Mantel, weil es mit anderen Lasten »verheddert« ist. Vielleicht müssen Sie den Inhalt erst mal eine Weile liegen lassen und sich öfters damit beschäftigen, bevor Sie dann manches aussortieren können. Lassen Sie sich ruhig Zeit für diesen Prozess des Loslassens, die Seele ist langsam. Was Sie aber keinesfalls tun sollten: Stopfen Sie nicht den ganzen Ballast wieder komplett in den Rucksack zurück – einiges gibt es bestimmt auch bei Ihnen, was weg kann und weg sollte!

Schuldgefühle ade

Wer Schuldgefühle kennt, weiß, wie belastend sie sein können und wie schwer es ist, sie loszuwerden.

Anna kann ein Lied davon singen. Aufgewachsen in einem pietistisch geprägten Elternhaus im Schwarzwald mit einem Pflichterfüllung fordernden Vater und einer kränkelnden Mutter, wurde ihr schon früh die Verantwortung für ihre drei jüngeren Geschwister übertragen. Was sie gut machte, wurde nicht eigens erwähnt; es war selbstverständlich. Wenn etwas schiefging bei den Geschwistern, war natürlich Anna schuld; sie hatte nicht aufgepasst, hatte etwas falsch eingeschätzt, hatte aufkeimenden Streit nicht verhindert, war nicht pünktlich gewesen.

Anna war elf, als ihr jüngster Bruder ihr mit dem Kettcar entwischte und von einem Auto erfasst wurde. Er hatte zwar Glück im Unglück und kam mit einem gebrochenen Bein und einer Gehirnerschütterung davon, doch die vorwurfsvollen Blicke und Worte verfolgen Anna immer noch. Wie es ihr nach dem Unfall ging, interessierte niemanden. Und dass sie sich mehr und mehr zurückzog und alles in sich hineinfraß, dick und dicker wurde, das war kein Thema.

Heute, als verheiratete Frau und Mutter von Zwillingen, hat sie allen Grund glücklich zu sein – wenn sie bloß nicht ständig wegen irgendwelcher Kleinigkeit ein schlechtes Gewissen hätte, sich für alles verantwortlich fühlen und sich um alles und jeden Sorgen machen würde.

Menschen, die wie Anna von Schuldgefühlen geplagt werden, fühlen sich oft alles andere als leicht, vielmehr gedrückt und schwer. In der Regel lagern schon seit der Kindheit tief innen umfangreiche Bestände an Schuldgefühlen und verursachen ein unbestimmtes Unbehagen. Auf diesen »Altbestand« an Schuldgefühlen setzen sich dann im Lauf der Jahre weitere Schuldgefühle obenauf. Das ganze Lebensgefühl wird davon überschattet, die Lebensqualität ist eingeschränkt. Schon bei kleinen Anlässen können sie dann heftig ins Bewusstsein drängen und den Betroffenen zusetzen: Was haben sie nicht alles falsch gemacht! Da hätten sie sich anders verhalten sollen, dieses haben sie nicht verhindert, an jenem sind sie

schuld, wieder und wieder haben sie etwas nicht geschafft ...
Wenn Menschen sich unterschwellig immer schuldig fühlen,
geht jegliche Leichtigkeit verloren.

Schuldgefühle entstehen in einem Klima unbedingter Autoritäten, deren Forderungen erfüllt und deren Wertvorgaben
eingehalten werden müssen. In unserem Kulturkreis sind dies
vor allem christliche Gebote und kirchliche Vorschriften.
Wenn sie einem Kind durch Vater oder Mutter oder eine
andere Autoritätsperson vermittelt und von ihm verinnerlicht
werden, erzeugt jede Übertretung ein schlechtes Gewissen.
Wenn ich als Kind immer wieder »versage«, komme ich zu
dem Ergebnis, dass ich schlecht bin. In Wirklichkeit aber liegt
es nicht an mir, sondern an der zu hoch gelegten Messlatte –
dadurch ist Versagen vorprogrammiert. Fast zwangsläufig
werde ich schuldig, wieder und wieder, weil die Normen
nicht bis ins Letzte erfüllbar sind. Doch das kann ich als Kind
nicht durchschauen. Die Folge sind Schuldgefühle, mehr oder
weniger stark, je nach meinem Naturell und abhängig von
weiteren Einflussfaktoren.

Falls Schuldgefühle für Sie ein Thema sind und Sie den Ein-
druck haben, starke religiöse Vorgaben oder ein mächtiges
Familienmotto sind dafür die Ursache, dann trauen Sie sich,
Ihre Prägungen durch die Religion oder ein Familienmotto in
Frage zu stellen. Entscheiden Sie selbst, was für Sie passt.
Hören Sie, was Ihr Verstand sagt. Trauen Sie Ihrem Urteils-
vermögen. Sie sind jetzt erwachsen!

Schuldgefühle entstehen auch, wenn Menschen für sich selbst
hohe Wertmaßstäbe setzen und an sich selbst Idealforderun-
gen stellen, hinter denen sie dann immer wieder zurückblei-
ben. Diese Ausprägung von Schuldgefühlen kommt nach

unserer Erfahrung besonders häufig bei den tüchtigen Frauen vor, die wir als »Brave Töchter« bezeichnen. Mit ihnen haben wir uns in unserem Buch: »Das Brave-Tochter-Syndrom« ausführlich beschäftigt. Sie haben seit früher Kindheit viel Verantwortung für ihre Eltern, Großeltern, Geschwister übernommen, meist völlig unbewusst. Nach ihrer kindlichen Überzeugung waren sie stärker als die anderen und deshalb zuständig für deren Wohlergehen. Ihr Selbstwertgefühl beruhte darauf, dass sie tüchtig waren. Sie fühlten sich riesengroß und mächtig, die anderen waren klein und hilfsbedürftig. Auch im Erwachsenenalter bleibt bei »Braven Töchtern« diese früh entwickelte Einstellung erhalten und führt dazu, dass sie sich oft ein Leben lang für das Wohlergehen Nahestehender, vor allem das des Partners und der Kinder, engagieren und sich dafür verantwortlich fühlen.

Das übersteigerte Gefühl von Verantwortung für alle und alles bildet bei diesen überaus tüchtigen Frauen den Nährboden für Schuldgefühle. Wenn ich der Überzeugung bin, dass Glück und Unglück der anderen von meinem Verhalten abhängen, darf ich mir keinen Fehler, keine Schwäche, kein Versagen erlauben. Ich muss mich nur genügend anstrengen, dann geht es allen gut. Und wenn es jemandem nicht gut geht in meiner Familie, dann muss ich etwas falsch gemacht oder versäumt haben. Dann haben Schuldgefühle ihren großen Auftritt: »Ich hätte das alles besser planen müssen.« »Ich hätte das wissen müssen.« »Ich hätte rechtzeitig was sagen sollen.« Und wieder kommt ein weiteres Stück Schuldgefühl in den Lebensrucksack.

Schuldgefühle entstehen dann, wenn ich mir die Schuld an etwas gebe, was ich bei Licht betrachtet nicht in der Hand habe. Insofern sind sie letztlich Ausdruck einer grandiosen

Selbstüberschätzung. Für Kinder sind solche Allmachtsfantasien à la Pippi Langstrumpf normal, doch für Erwachsene? Wer bin ich denn, dass ich mir anmaße, entscheidend für das Wohlbefinden anderer zu sein? Nehme ich mich da nicht zu wichtig? Und bescheinige ich damit den anderen nicht indirekt, dass sie schwach und auf mich angewiesen sind? Wenn ich so viel Verantwortung übernehme, bin ich da nicht übergriffig und bevormundend?

Sofern Schuldgefühle dieser Art auch Sie betreffen, möchten wir Sie bitten, sich einmal in die Lage der anderen zu versetzen, für die Sie sich so umfassend verantwortlich fühlen. Mit Schuldgefühlen belasten Sie natürlich in erster Linie sich selbst, weil Sie sich, gemessen an dem riesengroßen Anspruch an sich, immer wieder unzulänglich fühlen. Schon das allein sollte Grund genug sein, sich schleunigst von ihnen zu verabschieden. Zugleich aber machen Sie anderen das Leben unnötig schwer.

Das Zusammensein mit Menschen, die sich ständig für irgendetwas schuldig fühlen, kann sehr anstrengend sein. Zum einen schaffen sie es durch ihre anhaltenden Selbstvorwürfe, dass sie selbst im Mittelpunkt stehen. Alles dreht sich um sie und ihr Leiden wegen ihres angeblichen Fehlverhaltens. Die Energie geht dahin, sie in ihrem Kummer zu trösten, und die eigentlich Betroffenen kommen nur noch am Rande vor. Zum anderen entwickeln Menschen, die sich an allem schuldig fühlen, leicht einen schwer auszuhaltenden Aktionismus. Unbedingt müssen sie ihren vermeintlichen oder tatsächlichen Fehler sofort wieder gutmachen und sind kaum zu bremsen, auch wenn alle anderen erst mal durchatmen und nachdenken wollen. Und wieder keimen Schuldgefühle in ihnen auf, weil sie spüren, sie gehen den anderen auf die Nerven – irgendetwas haben sie wieder falsch gemacht.

In dieser Weise haben Sie die Zusammenhänge vermutlich noch nicht betrachtet. Vielleicht haben Sie gegen diese Sicht auch einiges einzuwenden. Doch prüfen Sie einmal in Ruhe, ob nicht doch etwas »dran« ist. Falls Sie selbst mit Schuldgefühlen zu kämpfen haben, machen Sie sich klar: Niemand ist in der Lage, so umfassend die Verantwortung für das Wohlergehen anderer Menschen zu übernehmen, wie Sie das immer wieder versuchen und Zeit Ihres Lebens versucht haben. Ihr Bild von sich selbst, Ihr unrealistisch hoher Anspruch an sich ist gleichsam der Boden, auf dem Schuldgefühle wachsen können.

Verabschieden Sie sich von all diesen Schuldgefühlen, die Sie sich als Nebenprodukt Ihrer kindlichen Selbstüberschätzung eingehandelt haben. Sie sind nicht schuld daran, dass Ihre Eltern sich getrennt haben. Sie haben auch nicht versagt, weil Sie Ihren Vater nicht vom Alkohol wegbringen konnten. Ihre Mutter ist auch nicht deshalb depressiv geworden, weil Sie in der Pubertät so schwierig waren oder weil Sie nach der Schule weggezogen sind, um in einer weit entfernten Stadt Ihre Ausbildung zu machen. Jeder Mensch hat seinen eigenen Lebensrucksack, auch Ihre Eltern, und dafür sind Sie als Kind nicht zuständig, ganz gewiss nicht!

Wenn Sie wirklich verstanden haben, dass Sie immer etwas versucht haben, was gar nicht möglich ist, können Sie vielleicht auch Ihren aktuellen »Zuständigkeitsbereich« nach und nach verkleinern und Ihr Verantwortungsgefühl auf das zentrieren, was wirklich in Ihren Bereich gehört. Das ist vor allem Ihr eigenes Wohlergehen. Danach kommen dann Ihre

Kinder, je jünger sie sind, desto mehr, und mit zunehmendem Alter immer weniger. Bei allen anderen um Sie herum sollten Sie eher weniger Verantwortung übernehmen – schließlich haben Sie es mit erwachsenen Menschen zu tun, und diese sind selbst für sich verantwortlich.

Wenn Sie etwas versäumt oder falsch eingeschätzt haben und jemand anderes dadurch Probleme bekommen hat, dann ist das völlig normal. Jeder Mensch macht die Erfahrung, dass er anderen etwas schuldig bleibt oder an anderen schuldig wird. Wie viele Väter gibt es doch, die im Nachhinein, wenn ihre Kinder längst erwachsen sind, mit großem Bedauern feststellen, dass sie so manches versäumt oder aus jetziger Sicht falsch gemacht haben. Und sicherlich gibt es in jedem Leben auch die Erfahrung von Schuld. Es muss nicht der Verkehrsunfall sein, bei dem durch meine Unachtsamkeit jemand verletzt worden ist. Es gibt manches andere weniger spektakuläre und nicht gerichtlich geahndete Verhalten, durch das ich gegenüber einem anderen Menschen schuldig geworden bin, etwa indem ich nicht ehrlich war, jemandem etwas vorgemacht, ihn ausgenutzt oder im Stich gelassen habe.

In diesen Fällen geht es darum, zu der klar erkannten und benannten Schuld zu stehen. Ich erkenne an, dass ich menschlich versagt habe, und bin mir dieser klar umrissenen Schuld bewusst. Ich übernehme die Verantwortung für das, was ich getan oder gelassen habe, nicht aber dafür, wie der andere mit dem Erlittenen umgeht. Wo möglich, bitte ich um Verzeihung, leiste Wiedergutmachung oder versuche, sonst etwas Gutes daraus wachsen zu lassen. Ich bleibe bei mir und meiner konkreten, klar benennbaren Schuld. Dann haben diffuse, im Untergrund nagende Schuldgefühle keine Chance.

Gesundschrumpfen – herunter vom Sockel

Gesundschrumpfen – können Sie sich vorstellen, was wir damit meinen? Einen Fall, wo es Menschen guttäte zu schrumpfen, haben wir Ihnen schon im letzten Kapitel erläutert: Wer der Meinung ist, absolute Normen weltanschaulicher Art oder unerbittlich strenge Gebote der Elternerfüllen zu können, fühlt sich im Grunde riesengroß – ich muss das können, ich kann das auch, und wenn ich es nicht schaffe, liegt das an mir und nicht daran, dass die Normen an sich wirklichkeitsfremd sind. Dasselbe gilt, wenn jemand unerfüllbar hohe Ansprüche an sich selbst stellt wie die »Braven Töchter«. Scheitern ist vorprogrammiert, Schuldgefühle stellen sich ein. Wer sie loswerden will, muss schrumpfen, auf ein menschliches Maß. Das Leben wird dadurch um etliches leichter. Meine Frau sagt, diesbezüglich sei sie schon weite Wege gegangen …

In unseren Aufstellungsseminaren erleben wir weitere verbreitete Varianten von Selbstüberschätzung und Anmaßung. Viele der Teilnehmenden kommen wegen massiver Probleme mit ihrem Vater oder ihrer Mutter oder mit beiden Eltern. Ganz häufig sind sie voller Vorwürfe und vernichtender Urteile.

Tobias ist dafür ein typisches Beispiel: »Mein Vater war ein Egoist, wie er im Buche steht. Nichts ging ihm über seine Musik. Ständig war er abends und an Wochenenden unterwegs für Proben und Engagements bei irgendwelchen Festen oder Tanzveranstaltungen. Ich war ihm völlig egal. Er hätte besser überhaupt keine Kinder gezeugt!« Dass der Vater einen Teil des Familieneinkommens durch diese Auftritte erwirtschaftete und ihm die ganze Musik manchmal

69

zu viel war, kam erst nach und nach heraus und ließ die Abwesenheiten des Vaters in einem anderen Licht erscheinen.

Ein anderes ebenfalls typisches Beispiel ist **Helen**. Sie hatte sehr darunter gelitten, dass es bei ihr daheim oft ziemlich chaotisch war. Der Vater war die Woche über auf Montage. Die Mutter hatte häufig Migräne und zog sich zurück. Es gab dann keine geregelten Mahlzeiten für die Kinder, aufgeräumt und geputzt wurde auch nicht. Helen und ihre Schwester waren sich selbst überlassen. Am Wochenende hagelte es dann mit schöner Regelmäßigkeit ein Donnerwetter vom Vater, weil die Kinder mehr hätten helfen sollen. »Dabei hat es sich meine Mutter einfach nur bequem gemacht. Sie hat nichts auf die Reihe gebracht und sich alle naselang ihre Migräne genommen. Wie es uns damit ging, hat sie nicht die Bohne interessiert.« Helen lässt sich nicht von ihrem Urteil abbringen: Für sie war ihre Mutter nicht krank, sondern einfach faul.

Söhne und Töchter wie Tobias und Helen sind der festen Überzeugung, wenn sie selbst in der Situation der Eltern gewesen wären, hätten sie es viel besser gemacht. Die Frage: »Kannst du es besser als dein Vater oder deine Mutter?«, beantworten sie mit einem klaren Ja. Sofern sie selbst schon Kinder haben, kommen dann oft Hinweise, wie sehr sie ihre Kinder im Blick haben, wie strukturiert der Familienalltag abläuft und dass sie sich nicht wegen jeder Erkältung ausklinken wie damals die Mutter mit ihrer Migräne.

Solche überheblichen Aussagen machen uns hellhörig – aus gutem Grund. Denn nicht nur positive Gefühle wie Liebe oder Vertrauen binden an andere Personen, sondern auch negative Gefühle wie Hass, Neid und Ablehnung. Positive Gefühle beflügeln und machen glücklich, negative belasten und machen unglücklich. Das bedeutet bezogen auf die eigenen Eltern: Wer seine Eltern ablehnt, erreicht gerade nicht den angestrebten inneren Abstand von ihnen, sondern bleibt negativ an sie gebunden.

Ist die Ablehnung dann auch noch mit Verachtung gepaart, kommt noch etwas Beschwerendes hinzu: Kein Kind, auch kein erwachsen gewordenes Kind, möchte auf seine Eltern herabschauen. Es fühlt sich verkehrt an, wenn man die Eltern sozusagen von oben herab abkanzelt, unten auf der Anklagebank. Das Gefälle zwischen den Eltern als den Großen und dem Kind als dem Kleinen ist dadurch umgedreht. Jedes Kind möchte im tiefsten Herzen zu seinen Eltern aufblicken und sie achten können. Doch die Eltern waren nun mal so, wie sie waren – schwach, reizbar, ungerecht, alles andere als perfekt, innerlich nicht ganz da. Dann gibt es trotzdem eine Möglichkeit, sich ihnen innerlich anzunähern, nämlich mit Hilfe der Frage: Wie ist das denn eigentlich bei mir?

Wenn wir diese Frage stellen, räumen die meisten Betroffenen ein, dass auch bei ihnen in der Familie nicht alles rund läuft. Manche Elternpaare streiten ständig, eines der Kinder fühlt sich immer benachteiligt, ein anderes ist in der Schule auffällig, und mit dem halbwüchsigen Sohn wird der Vater schon lange nicht mehr fertig. Viele werden nachdenklich und kommen zu dem Ergebnis, dass auch sie Fehler und Schwächen haben, ihren Kindern manches schuldig bleiben, manches nicht so hinkriegen, wie sie es gerne wollen – nur an anderen Punkten als die Eltern.

Es gibt andere Fälle, da klingt weiterhin Überheblichkeit und Besserwisserei durch. Dann schlagen wir eine einfache Übung vor: sich vor den Stellvertretern der Eltern auf einen Stuhl zu stellen und auf sie herabzublicken. Aus Erfahrung wissen wir, das fühlt sich nicht gut an. Niemand möchte so auf dem Sockel stehen, herausgehoben, allein, in der Richterposition gegenüber den eigenen Eltern. Nicht nur im Kopf, sondern ganzheitlich wird dadurch klar, diese Haltung gegenüber Vater und/oder Mutter passt einfach nicht. Sie bringt keine Befreiung, sondern ist eine zusätzliche Last.

Manchmal reicht diese eindrückliche Übung aus, um Vorwürfe und Überheblichkeit schwinden zu lassen. Nach dem Herabsteigen vom Stuhl ist es dann möglich, freundlicher auf die Eltern zu schauen und einige Sätze der Würdigung zu ihnen zu sagen. Es kann aber auch sein, dass es trotz des auf dem »Sockel« verspürten Unbehagens nicht gelingt, das Urteilen zu lassen – die schlimmen Erinnerungen sind zu stark. In solchen Fällen kann es helfen, gezielt nach guten Erfahrungen in der eigenen Kindheit zu suchen, so wie es Herbert gemacht hat. Nur in den allerseltensten Fällen war immer alles nur schlecht! Selbstverständlich kann es nicht darum gehen, das Schlimme, wie zum Beispiel erlittene Gewalt, unter den Teppich zu kehren. Das muss benannt und soll auch nicht bagatellisiert werden. Doch daneben lässt sich in aller Regel irgendetwas Positives finden. Darauf gilt es zu blicken, das gilt es zu würdigen. Über diese goldene Brücke ist der Zugang zu den Eltern in vielen Fällen dann möglich.

Falls auch das nicht den entlastenden »Schrumpfungsprozess« bewirkt, ist die intensive Beschäftigung mit der Lebensgeschichte der Eltern angesagt. Sobald klar wird, was die Eltern aus ihrer Kindheit alles zu tragen hatten, werden Kinder oft ganz kleinlaut. Näheres dazu erläutern wir in Teil 4.

Bezogen auf Paarbeziehungen gibt es ähnliche Erfahrungen. Ehemalige Partner oder Partnerinnen werden von manchen Menschen heftig abgewertet: »Mit dem war ich nur ganz kurz zusammen, der hat's nicht gebracht.« Oder: »Meine erste Frau war einfach faul und verwöhnt.« Oder: »Große Versprechungen und Pläne – nur heiße Luft. Rein gar nichts hat er hingekriegt.« Oder: »Die Zweite war nur hinter meinem Geld her, was anderes hat die nicht interessiert.« Auch Abwertungen auf der Paarebene kommen durch erlittene Verletzungen zustande und haben den Zweck, Abstand von dem einst geliebten Menschen zu gewinnen. Doch genauso wenig wie bei den Eltern funktioniert das gegenüber früheren Partnerinnen oder Partnern. Auch hier binden Vorwürfe, und auch hier passt es nicht, sich selbst als besser wahrzunehmen.

Am Scheitern von Paarbeziehungen haben in aller Regel beide ihren Anteil, ganz selten nur ist eine Seite alleine »schuld«. Auch hier gilt: Herunter vom Sockel! Es ist wichtig, den eigenen Teil am Scheitern einer Beziehung zu erkennen und anzuerkennen. Nicht nur in der aktuellen Partnerschaft, sondern auch bezogen auf vergangene Beziehungen ist es wichtig, sich aus der Opferrolle zu lösen. Wie hat sich wohl meine Frau mit mir gefühlt, wenn ich …? Was hat das mit meinem Mann gemacht, dass ich so oft …? Solche Fragen lenken den Blick auf eigene Fehler und Schwächen, die wir erfahrungsgemäß nicht so leicht sehen und eher als weniger schlimm einstufen.

Wenn wir innerlich vom Sockel heruntergestiegen sind, können wir freundlicher als zuvor auf den Menschen schauen, den wir einmal geliebt haben und der uns so sehr verletzt hat. Das können wir auch in Worte fassen: »Ich übernehme meinen Teil am Scheitern unserer Beziehung und lasse dir deinen. Ich danke dir für das Gute, das ich von dir bekommen habe. Und jetzt ziehe ich mich von dir zurück und lasse dich in Frieden. Ich wünsche dir alles Gute.«

Bei diesem Vorgang des Gesundschrumpfens kann viel alte Trauer hochkommen. Dann hat sich die Überheblichkeit aufgelöst und der dahinter versteckten Trauer Platz gemacht. Wenn die Vorwürfe weg sind, gegen den Vater und/oder die Mutter, einen früheren Partner oder eine frühere Partnerin, fühlen sich Menschen erfahrungsgemäß entlastet. Manchmal fließen zunächst Tränen der Erleichterung, die sich aber schnell mit Tränen der Trauer mischen – das, was so schmerzlich war, wird manchmal nochmals intensiv gespürt. Dann ist es nicht mehr weit bis zum Loslassen.

Trauern

Ein Verlust kann sehr schmerzhaft sein, besonders der Verlust eines geliebten Menschen. Die normale Reaktion darauf ist Trauer. Sie ist wichtig, damit das eigene Leben später gut weitergeht und nicht auf Dauer von dem erlittenen Verlust verdunkelt bleibt.

Elke, Mitte 40, verlor von heute auf morgen ihren Mann durch einen Verkehrsunfall. Nur die Verantwortung für ihre beiden Kinder im Teenager-Alter hielt sie aufrecht und verhinderte, dass sie völlig zusammenbrach. Automatisch tat sie, was unbedingt nötig war. Stundenweise begann sie wieder zu arbeiten, an ihrem alten Platz mit Publikumsverkehr. In der ersten Zeit war sie noch wie versteinert, doch im Lauf der Wochen und Monate kam ihre Lebendigkeit allmählich zurück. Auch ihr Äußeres veränderte sich: Sie kleidete sich zunehmend heller, war wieder dezent geschminkt, und gelegentlich sah man sie lächeln. Jetzt, nach drei Jahren, können nur noch wenige Menschen erkennen, durch welch schwere Zeiten sie gegangen ist.

Wie ein gelingender Trauerprozess abläuft, ist seit Längerem gut erforscht. Es lassen sich verschiedene Phasen unterscheiden, die alle ihre Berechtigung haben und ihre Zeit brauchen. Während dieses Prozesses tritt dann schrittweise wieder anderes in den Vordergrund. Der Verlust schmerzt zwar noch, aber nicht mehr so heftig und ununterbrochen wie zu Beginn. In vielen Fällen empfinden die Trauernden ungefähr nach einem Jahr ein gewisses Zur-Ruhe-Kommen – die uralte Einrichtung des Trauerjahrs mit entsprechender Kleidung und Zurückgezogenheit hat wohl ihren tieferen Sinn.

Nach einer gewissen Zeit sollte das Trauern aber auch vorbei sein, ewig zu trauern tut nicht gut. Alles hat seine Zeit: Das Trauern hat seine Zeit – und die wiederkommende Lebensfreude hat ihre Zeit. Dieses notwendige Weiterschreiten auf dem Lebensweg, ohne in einer Phase hängenzubleiben oder dort »heimisch« zu werden, hat Hermann Hesse in seinem schönen und sehr lesenswerten Gedicht »Stufen« eindrücklich und anschaulich in Worte gefasst. Es endet mit der Aufforderung: »Wohlan denn, Herz, nimm Abschied und gesunde!«

Wenn die Trauer sich festsetzt und zur Gewohnheit wird, ist niemandem gedient. Wenn beispielsweise Eltern nach einer gewissen Zeit der tiefen Trauer ihr früh gestorbenes oder tot geborenes Kind nicht wirklich loslassen können, blockiert das ihre eigene Entwicklung. Und zudem: Wenn es auf Dauer der unsichtbare Mittelpunkt des Familienlebens bleibt – wie sich da wohl die anderen Kinder fühlen, die leben?

Dem geliebten Menschen, den wir verloren und um den wir getrauert haben, bleiben wir auf Dauer im Herzen verbunden. Aus dieser inneren Verbundenheit heraus ist es möglich, sich abzulösen und dem Leben wieder ganz zuzuwenden. Wir verraten ihn damit nicht. Wenn wir ihn befragen könnten, würde er sicher nicht wollen, dass wir ein Leben lang Trauer tragen – wir selbst würden es ja auch nicht wollen, dass andere unseretwegen bis an ihr Lebensende unglücklich und traurig sind. Wir bewahren unsere guten Erinnerungen, sind dankbar für das, was wir bekommen haben, und freuen uns, dass wir den geliebten Menschen hatten. Wir lassen ihn los und lassen ihn in Frieden.

Dieser notwendige und der Seele wohltuende Trauerprozess gelingt längst nicht immer, aus unterschiedlichen Gründen. In vielen Fällen verhindern Groll und Vorwürfe das Trauern. Wenn Menschen sehr verletzt und verbittert sind über das, was ihnen angetan wurde, hat Trauer keinen Raum.

Oft geht es bei dieser nicht gelebten Trauer um den Vater oder die Mutter. Das ist in unseren Seminaren ein häufiges Thema. Wir erfahren immer wieder: Mit dem Tod der Eltern haben sich die Vorwürfe, die das Kind ihnen zu Lebzeiten gemacht hat, nicht erledigt, die Last ist oft sogar noch größer geworden. Denn anders als zu Lebzeiten der Eltern besteht nicht mehr die Chance, noch irgendetwas mit ihnen zu klären, noch die ersehnte Zuwendung zu bekommen oder endlich »Gerechtigkeit« zu erfahren. O-Ton eines Seminarteilnehmers: »Er hat sich einfach davongemacht, und ich muss sehen, wie ich klarkomme. Das passt zu ihm. Und um diesen Vater soll ich trauern? Da gehe ich lieber zur Tagesordnung über. Im Grunde hat sich ja nicht viel verändert, vorher war er ja auch nie für mich da.«

Nachvollziehbar sind solche Gefühle, doch wer nicht trauern kann oder will, bleibt in belastender Weise gebunden. Depressionen können die Folge sein. Wirkliche Ablösung gelingt nur über das Weglegen der Vorwürfe, über das Heruntersteigen vom Sockel, über das Schrumpfen. Dieser innere Prozess, so wie wir ihn im vorigen Kapitel beschrieben haben, ist auch nach dem Tod der Eltern noch möglich. Dann kann die verdrängte, zuvor von Vorwürfen überdeckte Trauer endlich ins Fließen kommen.

Trauer kann auch aus einem anderen Grund nicht wirklich ausgelebt worden sein: Der Verlust war so unerwartet, so heftig, so schmerzlich, dass ich mich vor der Wucht der Gefühle schützen musste. Oder ich war mit meinen vier Jahren beim Tod meiner Mutter einfach noch zu klein, als dass ich hätte trauern können. Oder ich war im Alter von siebzehn plötzlich zusammen mit der Mutter für unseren Bauernhof verantwortlich, als mein Vater tödlich verunglückte – da war keine Zeit zum Trauern, der Betrieb musste weiterlaufen. Oder der Vater galt im Krieg als vermisst – vielleicht lebte er ja noch, da konnte man doch nicht um ihn trauern wie um einen Toten.

Vielleicht finden Sie sich wieder in dem, was wir beschrieben haben, an welchem Punkt auch immer. Falls ja, möchten wir Sie ermutigen, das in Ihrer Situation Hilfreiche zu tun. Gestatten Sie sich, die Trauer um Ihre Eltern nachzuholen, auch wenn sie schon vor langer Zeit verstorben sind. Sie müssen sich vor niemandem dafür rechtfertigen. Rituale, wie sie üblich sind, wenn jemand gestorben ist, können dabei eine wertvolle Unterstützung sein. Sie können ein Foto von Ihren Eltern aufstellen an einem Platz, den Sie mit Blumenschmuck besonders hergerichtet haben oder mit einer Kerze, die Sie eine Zeit lang regelmäßig anzünden. Sie können alte Fotos anschauen, auf denen glückliche Momente festgehalten sind, und spüren, dass Ihre Eltern Sie auf ihre Weise geliebt haben.

Wenn das Grab noch vorhanden ist, können Sie es sich für eine gewisse Zeit zur Gewohnheit machen, es aufzusuchen und dort innere Zwiesprache mit Ihrem Vater oder Ihrer Mutter oder beiden zu halten. Oder Sie können einen Abschiedsbrief schreiben. Nehmen Sie Ihre Gefühle wahr und lassen Sie aufkeimende Trauer bewusst zu. Sie werden spüren, es wird leichter. Und dann darf es gut sein mit dem Trauern. Auch im Fall eines nachgeholten Trauerprozesses ist es wichtig, sich nach einiger Zeit ganz bewusst dem Leben zuzuwenden und nicht auf Dauer in der Trauer zu verweilen.

Einen geliebten Menschen loszulassen, der noch lebt, ist eine besondere Hürde. Wer verlassen wurde, ist meistens zornig, verzweifelt, fühlt sich ungerecht behandelt und ohnmächtig, bemitleidet sich selbst. Das ist normal. Normal ist auch, dass es Berge von Vorwürfen und Schuldzuweisungen gibt. Doch weder Selbstmitleid noch Vorwürfe helfen weiter, ebenso wenig wie die meist unrealistische Hoffnung auf einen Neuanfang. Solche Hoffnungen werden bisweilen wider besseres

Wissen sehr lange aufrechterhalten. Das tut nicht gut, denn dadurch kann ich nicht heilsam trauern. Solange ich noch Hoffnung habe, ist die Beziehung für mich ja noch nicht endgültig tot. Erst wenn ich das Ende anerkenne, kann ich wirklich trauern, und wirkliche Trauer über etwas, was vorbei ist, ist die Voraussetzung dafür, dass etwas Neues und Gutes beginnen kann. Auch hier gilt das schon zitierte Wort von Hermann Hesse: »Wohlan denn, Herz, nimm Abschied und gesunde!«

Was weiterhilft, möchten wir Ihnen in Form eines Briefes mitteilen, den wir als Entwurf in alten Unterlagen fanden. Eine entfernte Bekannte, nennen wir sie Susanne, hatte sich an uns gewandt, weil sie mit der Trennung von ihrem langjährigen Lebenspartner nicht klar kam. Was wir damals formuliert haben, halten wir auch heute noch für zentral und möchten es deshalb an Sie weitergeben.

Liebe **Susanne**,

auf deine Frage bezüglich Loslassen, Abhaken, Hinter-sich-Lassen ein paar Gedanken von uns – ob sie dir weiterhelfen, wissen wir nicht, aber wir hoffen es.

Unser erster Hinweis ist: Einen Verlust zu überwinden braucht Zeit und nochmals Zeit. Es ist ein Trauerprozess, ähnlich wie nach dem Tod eines geliebten Menschen, und oft sogar noch schwieriger, weil der geliebte Mensch ja real noch lebt und die Hoffnung, es könnte wieder werden, so zäh ist. Du kannst nicht mit einer schnellen »Lösung« rechnen. Also Geduld!

Beschleunigen kannst du den Trauerprozess, wenn du ganz in die Trauer gehst. Das heißt, dass du dir immer wieder klarmachst: »Es ist zu Ende, es gibt keinen Weg zurück«, und das Scheitern eurer Liebe beweinst, statt dich mit Vorwürfen oder Selbstvorwürfen aufzuhalten. Es ist so, wie es ist. Mit allem Überlegen kannst du die Entwicklung nicht zurückdrehen. Alle Grübeleien über das, was war, halten dich vom wirklichen Trauern ab, und nur die Trauer hilft, Altes loszulassen. Dann bekommst du irgendwann wieder Kopf und Herz frei. Und dann beschließt du: Jetzt ist es gut mit dem Traurigsein, jetzt schaue ich nicht mehr zurück, jetzt beginnt ein neuer Abschnitt.

Du hast deinen Teil der Verantwortung dafür, dass es so gekommen ist – das beginnt schon damit, dass du dich in diesen Mann verliebt und dich ganz auf ihn eingelassen hast. Und dein Ex hat seinen Anteil der Verantwortung daran, wie es geworden ist, und diesen Teil musst du ihm lassen.

Liebe Susanne, es gäbe noch viel, was wir dir schreiben könnten. Aber das Entscheidende musst du selbst tun: Dir jeden Tag neu sagen, dass es zu Ende ist und dass das auch seine guten Seiten hat. Es ist eine Art innere Disziplin, die du brauchst: Schaue entschieden nach vorne, jeden Tag von Neuem, und gestatte dir nicht das unproduktive und lähmende Grübeln. Es ist Zeit- und Kraftverschwendung. Also viel Geduld mit dir selbst, viele Tränen, wenn du an deinen Verlust denkst und ihn spürst, und einen entschlossenen Blick nach vorne!

Liebe Grüße,
Deine Beate und Manfred

Die Knoten lösen

Leicht zu leben fällt vielen Menschen nicht in den Schoß. Ich weiß, wovon ich spreche. Seit meiner Pubertät musste ich immer wieder über Abgründe gehen und mich durch Stromschnellen kämpfen. Ich kam mir vor wie in einer ständig laufenden Mühle, die immer wieder neue Mehlsäcke produzierte. Mein Lebensrucksack wurde schwerer und schwerer. Oft fragte ich mich nach dem Sinn des Ganzen, wollte verstehen. Vor allem aber wollte ich, dass es endlich leichter würde.

Viele der Lasten, die wir Ihnen in den vorhergehenden Kapiteln benannt haben, gehörten auch zu meinem Gepäck. Immer wieder versuchte ich, sie loszuwerden, über lange Jahre ohne wirklichen Erfolg. Ich hätte jemanden gebraucht, der mir klar sagt, was das Zentrale ist, und mich speziell dabei unterstützt, loszulassen, was war. Den altvertrauten, immer wiederkehrenden schweren Gedanken keinen Raum zu geben. Nicht zum hundertsten Mal die Vorwürfe an die Eltern hervorzuholen oder über die Gründe zu grübeln, warum so vieles nicht gelungen ist. Stattdessen meine Stärke zu spüren, die in den vielen Krisen gewachsen war, mich von dem alten Ballast zu verabschieden und entschieden nach vorne zu schauen.

Ohne eine solche klare Ansage und ohne Hinweise, wie das Loslassen denn konkret zu bewerkstelligen wäre, war mein Weg recht mühsam. Die Mühen waren aber nicht umsonst. Frei von unnötigem Ballast und erfahren in der Bewältigung heftiger Krisen konnte ich jetzt im Rentenalter sogar einer schweren Erkrankung gelassen begegnen. Auf das halb volle Glas schauen, den Ball flach halten, guten Gedanken Raum geben, soziale Kontakte pflegen, Sinnvolles tun – all das ist auch in einer solchen Situation möglich und hilfreich. Ich bin offen für das, was im Hier und Jetzt geschieht, bin dankbar und zufrieden, lasse mich bewusst nicht beschweren von sorgenvollen Gedanken um meine Zukunft.

Im Rückblick habe ich meinen Frieden mit allem, was zu meinem Leben gehört, gefunden. Alles hat seinen Platz. Alles hat wohl seinen Sinn gehabt, auch wenn ich ihn nicht fassen, nicht begreifen kann. Entscheidend ist für mich nicht mehr, was war, sondern dass ich alles überlebt und überstanden habe und dass ich dadurch viel gelernt habe.

Das, was ich mühsam und mit Umwegen begriffen habe, möchte ich an Sie weitergeben, wie schon an viele Klientinnen und Klienten: Es ist möglich, Schritt für Schritt den ganzen mitgeschleppten Lebensballast loszulassen. Wie das geht, haben wir Ihnen in den verschiedenen Kapiteln im Einzelnen erläutert – bewusst die Opferrolle und überholte Verhaltensmuster hinter sich lassen, sich verabschieden von Vorwürfen, Bitterkeit, Schuldgefühlen, nach einem Verlust intensiv trauern und sich dann entschlossen wieder dem Leben mit seinen Möglichkeiten zuwenden.

Wir möchten Ihnen Mut machen, sich den Herausforderungen Ihres Lebens zu stellen. Sie sind nicht allein mit Ihren Nöten und Schwierigkeiten, viele Menschen sind in einer ähnlichen Lage. Sehen Sie Ihre aktuelle Situation als ein Zwischenstadium, sofern Sie noch nicht »über den Berg« sind. Jedes Leben besteht aus verschiedenen Phasen, und zu jeder Phase gehören nach unserer Auffassung spezielle Entwicklungsaufgaben. Auch Sie können weiterkommen auf Ihrem Lebensweg, hin zu mehr Leichtigkeit.

Den Lebensrucksack entrümpeln, angesammelten Ballast entsorgen, das ist das eine Bild, das uns sehr gut gefällt, weil es anschaulich ausdrückt, worum es geht. Ein anderes Bild mögen wir auch sehr: die Knoten lösen. Knoten müssen gelöst werden, wenn etwas verknotet ist, beispielsweise in einem schier unauflösbaren Wirrwarr von Fäden. Bisweilen gibt es auch innere Knoten, die zu lösen sind, seelische »Verknotungen«. Knoten lösen hat immer etwas mit Befreiung zu tun, mit der Erschließung von neuen Möglichkeiten. Knoten lösen und Aufbrechen zu neuen Ufern, das gehört zusammen, nicht nur beim Segeln, sondern insgesamt im Leben.

Wir haben dazu einen kleinen Text von Marc Twain gefunden, der wunderbar als Überleitung zu unserem nächsten großen Thema passt:

»In 20 Jahren wirst du mehr enttäuscht sein über die Dinge, die du nicht getan hast, als über die Dinge, die du getan hast. Also löse die Knoten, laufe aus dem sicheren Hafen aus und erfasse mit deinen Segeln die Passatwinde.«

Teil 3:
Neues einüben

Die Knoten lösen und bei gutem Wind lossegeln – eine Vorstellung, die ganz unterschiedliche Gefühle auslösen kann. Es ist ja schon wunderbar anzuschauen, wenn Segelboote im Sonnenschein über das blaue Wasser gleiten, doch selbst segeln? Es gibt Gründe, eher nicht segeln zu gehen. Andererseits, diese Art der Fortbewegung ist doch irgendwie faszinierend. Also, will ich oder will ich nicht?

Die Entscheidung, ob Sie das Segeln lernen wollen, können wir Ihnen nicht abnehmen. Wir können Ihnen aber einiges an Grundlagenwissen vermitteln und Sie bei der Umsetzung Ihrer Erkenntnisse anleiten. Es gibt einen Schatz an bewährtem, zum Teil uraltem Handwerkszeug. Zumeist ist es recht einfach zu handhaben. Im Laufe der Zeit geriet es in Vergessenheit. Der Wohlstand der Menschen wurde größer und größer und ihr Zusammenleben immer schwieriger. Sie vergaßen, was wirklich wichtig ist im Leben. Aber auch heute noch gibt es einige, die das alte Erbe bewahrt haben und leichter leben können. Sie wissen noch, was der Seele guttut. Sie kommen besser mit dem Schweren in ihrem Leben zurecht, sind zufriedener, seltener krank, insgesamt glücklicher. Wie sie das machen?

Danken verleiht Flügel

Wie geht es Ihnen, wenn Sie sich bei jemandem bedanken, mit freundlichen Worten und mit einem freundlichen Lächeln? Und wie geht es Ihnen, wenn sich jemand bei Ihnen bedankt?

»Ein dankbares Wort gibt Wärme für drei Winter« – dieses schöne Sprichwort aus Russland trifft den Kern. Ein von innen kommender Dank wärmt beide – den, der sich bedankt, und den, dem der Dank gilt. Wenn ich etwas bekommen habe und mich dafür bedanke, fühlen sich Geber oder Geberin gewürdigt und zufrieden, weil ich die Gabe freundlich aufgenommen habe. Aber auch mir selbst tut es gut, meinen Dank auszudrücken und nicht einfach zur Tagesordnung überzugehen. Es hebt meine Stimmung, auch ich fühle mich leicht und zufrieden. Mein Gegenüber und ich, wir gewinnen beide.

Im Prinzip kostet es weder Zeit noch Mühe, sich freundlich zu bedanken, wann immer sich eine Gelegenheit ergibt. Das mit dem Danken verbundene Gefühl von Zufriedenheit und Leichtigkeit lässt sich mit wenig Aufwand immer wieder hervorrufen. Vielleicht können Sie das aus eigener Erfahrung bestätigen. Wenn nicht, versuchen Sie es doch einmal, Sie werden die positiven Auswirkungen auf Ihr Lebensgefühl bald spüren.

Wege entstehen bekanntlich dadurch, dass sie gegangen werden. Ganz ähnlich ist es mit der Dankbarkeit als innerer Haltung: Sie entsteht durch regelmäßiges Danken. Wer das Danken übt, dem wächst das Gefühl von Dankbarkeit. Und aus diesem Gefühl heraus kommt immer mehr in den Blick, wofür sich über konkrete Anlässe hinaus danken lässt – in der aktuellen Lebenssituation, aber auch in der Rückschau auf das bisherige Leben.

Clemens zum Beispiel ist Schmerzpatient. Um seine Schmerzen zu ertragen, braucht er täglich Opiate. Er ist dankbar, dass seine Cousine **Rebecca** in seiner Nachbarschaft wohnt und sich um ihn kümmert. Rebecca ihrerseits ist jeden Morgen beim Aufwachen dankbar, weil sie es als großes Geschenk empfindet, keine Schmerzen zu haben.

Ein weiteres Beispiel: Meine Eltern haben während und nach dem Krieg gehungert. Bei uns wurde nie am Essen gemäkelt. Und peinlich wurde darauf geachtet, dass keine Lebensmittel verdarben und weggeworfen wurden. Auf dem Hintergrund ihrer Erfahrungen waren meine Eltern täglich dankbar für das Essen.

Wenn Sie es sich zur Gewohnheit gemacht haben, auf das halb volle Glas zu sehen, finden Sie immer etwas, wofür Sie dankbar sein können. Wer Menschen kennt, die auf Hartz-IV-Niveau leben müssen, kann vielleicht dankbar sein, finanziell nicht so knapp dran zu sein, auch wenn er keine Reichtümer sein Eigen nennt. Wer alt ist und auf das halb volle Glas schaut, stellt vielleicht fest, ich lebe zwar mit Einschränkungen, bin aber nicht einsam, sondern habe viele bereichernde Kontakte. Wer in einer schwierigen Ehesituation lebt, schaut vielleicht dankbar darauf, dass alle Kinder auf einem guten Weg sind und keinen Anlass zur Sorge geben. Und wer schon viel Schweres durchgemacht hat, ist vielleicht dankbar dafür, dass es inzwischen etwas leichter geworden ist.

Ein eindrückliches Beispiel dafür ist **Gerda**. Alleinerziehend, mit einem Kind, das krank zur Welt kam und kein normales Leben führen kann, ist sie durch eine harte Schule gegangen. Anstatt darüber zu klagen, wie schwer doch alles immer wieder war, formuliert sie positiv: »Ich kann es genießen, wenn das Leben sich ganz alltäglich und unspektakulär gestaltet, ohne Unfall, ohne Katastrophe, einfach nur alltägliches Leben ist.«

Vieles, was gut läuft, nehmen wir allzu oft als selbstverständlich hin, während wir doch allen Grund hätten, dankbar zu sein. Mag sein, dass das bei Ihnen auch so ist. Vielleicht schreiben Sie einmal in Ruhe auf, wofür Sie ehrlicherweise dankbar sein können oder könnten. »Eigentlich« könnten Sie ja dafür dankbar sein, dass Ihr Vater Sie, als Sie jung waren, finanziell knapp gehalten hat – auf diese Weise sind Sie sehr schnell selbstständig geworden und können zu Recht stolz auf sich sein. Oder auch umgekehrt: Ihre Eltern haben Sie sehr lange finanziell unterstützt, obwohl sie selbst nicht gerade auf Rosen gebettet waren. Das war für Sie ganz selbstverständlich, dafür müssen Sie doch nicht dankbar sein, oder vielleicht doch?

Wenn Sie vieles eher abgewertet haben, kommen Ihnen bei diesen Überlegungen möglicherweise sehr gemischte Gefühle. Dann wartet eine Weichenstellung auf Sie, eine Entscheidung. Wie wollen Sie weitermachen? Eines spricht auf jeden Fall dafür, Dankbarkeit zu üben: Immer wenn Sie an etwas denken, wofür Sie Grund haben, dankbar zu sein, können Sie, solange Sie daran denken, nicht unglücklich sein, und auch die Sorgen haben Pause.

Manche Menschen machen es sich auch zur Gewohnheit, Tag für Tag bewusst nach Gelegenheiten zur Dankbarkeit Ausschau zu halten. Diese Situationen notieren sie sich und lassen dann abends vor dem Einschlafen ihre »Sammlung« vor ihrem inneren Auge vorbeiziehen. Dieses kleine Ritual tut ihnen gut. Es ist eine bewährte Methode, mehr Freude und Leichtigkeit ins eigene Leben zu bringen: »Die größte Kraft des Lebens ist der Dank« (Hermann von Bezzel).

Achten tut gut – Würdigen befreit

Sebastian, Ende 30, ist verheiratet und Vater einer kleinen Tochter. Er arbeitet in verantwortlicher Position in einem mittelständischen Unternehmen im Rheinland. Alle paar Wochen ruft er bei seinen Eltern in Süddeutschland an, um zu hören, wie es so geht. Er hat die Hoffnung noch nicht aufgegeben, dass irgendwann auch einmal ein entspanntes Telefonat mit seiner Mutter möglich sein wird. Doch auch diesmal läuft es wieder ab wie gewohnt: »So, meldest du dich auch mal wieder? Ist ja schön, dass du uns nicht völlig vergessen hast. Du bist immer so im Stress, aber du willst das ja wohl so. Und wann kommt ihr denn endlich mal wieder?« Sebastian würde am liebsten gleich wieder auflegen. Immer dieser missbilligende Ton, und keine Spur von Verständnis dafür, dass er wirklich schauen muss, wie er alles schafft. Dass es auch anders gehen kann, weiß er von seinem Kollegen Michael. Da könnte er direkt neidisch werden.

Wenn **Michael** daheim anruft, bedankt sich seine Mutter erst einmal, dass er sich die Zeit zum Telefonieren nimmt, wo er doch so viel zu tun hat. Natürlich freut sie sich, seine Stimme zu hören, und fragt gleich, wie es ihm und seiner Familie geht. Von seiner Arbeit versteht sie ja nicht viel, aber dass er oft Stress hat, kann sie sich vorstellen. Nein, sie müssen sich nicht wegen einem Besuch unter Druck setzen. Es wäre natürlich schön, die Enkel mal wieder zu sehen, aber privat soll es doch nicht auch noch stressig werden. Sie weiß ja, dass er gerne kommen würde, aber sie muss realistisch sein – mal sehen, wann es mal klappt.

Was meinen Sie, wie es den Gesprächspartnern nach dem Telefonat in dem einen Fall geht und wie in dem anderen? Dass Sebastian sich nicht so gut fühlt wie Michael, liegt ja auf der Hand und ist nachvollziehbar. Doch auch Sebastians Mutter fühlt sich schlechter als die von Michael und tut sich selbst nichts Gutes, wenn sie ihrem Sohn so kritisch und ohne Achtung vor seinen Verpflichtungen und seiner Art zu leben begegnet. Sie schaut nicht auf das halb volle Glas, sie lässt ihren negativen Gedanken und Gefühlen ihren Lauf, sie ist nicht dankbar für das Maß an Kontakt, das ihrem Sohn möglich ist. Damit macht sie sich das Leben unnötig schwer. Michaels Mutter hingegen fühlt sich noch lange beschwingt durch das gute Gespräch – was hat sie doch für einen lieben, tüchtigen Sohn, da kann sie wirklich zufrieden und dankbar sein.

Ähnliche Beispiele gibt es in den verschiedensten Lebensbereichen, innerhalb der Familie und außerhalb: die Großmutter, die immer wieder einmal spitze Bemerkungen über die Haushaltsführung und die Erziehungsmethoden der Schwiegertochter macht; die Ehefrau, in deren Augen die Schwiegermutter einfach bequem ist und alle herumkommandiert; oder der verwitwete Vater, der am Partner der einzigen Tochter kein gutes Haar lässt. Auch die Nachbarschaft bietet ein weites Feld zum Urteilen, ebenso der Kreis der Kollegen und Kolleginnen: »Wie es da ums Haus rum immer aussieht!«, oder: »Wie unfreundlich der immer ist!«, oder: »Die macht schon wieder krank.«

All dieses Urteilen nützt niemandem und tut niemandem gut – am allerwenigsten den Urteilenden selbst. Missachten, Abwerten, Geringschätzen sind negative Empfindungen. Sie drücken auf die Stimmung, sie beschweren unnötigerweise, schaden letztlich der Gesundheit. Und doch fällt es vielen Menschen schwer, das Urteilen zu lassen.

Woher diese Tendenz zum Negativen wohl kommt? Meist wissen wir ja kaum etwas über die Hintergründe, warum sich jemand so und nicht anders verhält. Wenn wir es wüssten, würden wir den Menschen, den wir so negativ beurteilen, möglicherweise anders sehen, würden ihn vielleicht sogar achten können. Die Kollegin, die »schon wieder krankmacht«, hat Multiple Sklerose im Anfangsstadium, will das aber nicht an die große Glocke hängen und kommt oft auch dann zur Arbeit, wenn es ihr schlecht geht und sie Grund hätte, sich krankschreiben zu lassen. Die so dominante Schwiegermutter, die sich »bedienen« lässt, hat früh ihre eigene Mutter verloren und nach dem Krieg als Älteste für die vier jüngeren Geschwister sorgen müssen – nachvollziehbar, dass sie gewohnt ist, die Führung zu übernehmen, jetzt im Alter aber einfach erschöpft ist.

Solche Hintergründe interessieren in der Regel nicht. Wir sind mit Urteilen schnell bei der Hand, obwohl wir es im eigenen Interesse besser unterlassen sollten – es tut uns nicht gut. Noch besser wäre es, zu lernen, anderen Menschen grundsätzlich mit Achtung zu begegnen. Denn ähnlich wie das Danken trägt auch das Achten und Würdigen anderer Menschen dazu bei, dass unser Leben sich leichter anfühlt, und auch hier gilt es offenbar, sich bewusst neu zu orientieren.

Wenn Sie feststellen müssen, dass auch Sie zum Urteilen neigen und dass es auch Ihnen oft schwerfällt, Menschen mit Achtung zu begegnen, hat das vermutlich seine Wurzeln in Ihrer Lebens- oder Familiengeschichte. Vielleicht haben Sie nie gelernt, wie Achten geht, weil schon in Ihrer Herkunftsfamilie das Urteilen bestimmend war. Vielleicht haben Sie selbst sich nie geachtet gefühlt, nicht in der Kindheit und später auch nicht, und können als Folge davon weder sich selbst noch andere achten. Vielleicht geht es aber auch einfach ums »Gesundschrumpfen«, das wir Ihnen ja schon beschrieben haben. Im Zusammenhang mit meiner eigenen Geschichte ist mir da einiges klargeworden:

Ich habe beinahe 50 Jahre gebraucht, bis ich meine Eltern achten konnte. Zwar wusste ich, dass sie im Beruf Großes geleistet hatten, und ich bekam mit, wie sie von allen in ihrem Umfeld sehr geachtet wurden. Ich jedoch konnte sie als Einziger rundum nicht achten. Ich fühlte mich als ungeliebtes Kind und war voller Vorwürfe. Ich konnte nur das fühlen, was mir fehlte. Und dadurch war mir der innere Zugang zu meinen Eltern versperrt. Erst als ich massiv spürte, wie stark ihr Leben durch viele Tote in der Familie in der Zeit des Nationalsozialismus belastet war, konnte ich akzeptieren, dass sie so waren, wie sie waren. Dann konnte ich entdecken, dass ich von ihnen geliebt wurde, nur eben nicht so, wie ich mir das gewünscht hatte. Von da an konnte ich sie achten, und das tat mir sehr gut. Zu würdigen, was sie geleistet und was sie aus ihrem Leben gemacht haben, das hat befreiend auf mich gewirkt. Eine tiefe, schmerzhafte Wunde ist verheilt.

Seitdem fällt mir das Achten insgesamt leichter. Wenn ich nun auf die Menschen schaue, die mir nahe stehen, dann kann ich sie – ohne Ausnahme – achten. Ich achte, wie sie leben, wie sie ihr Schweres tragen, jeder auf seine Art, jede auf ihre Art. Ich kann mich nun auch selbst mehr achten, während ich früher oft unzufrieden mit mir war.

Wenn ich ein Verhalten nicht verstehe, nehme ich zunächst einmal an, dass es schon seine Gründe haben wird. Wenn mir jemand unangemessen begegnet, lasse ich es nach dem ersten Ärger bei ihm – was weiß ich schon, warum dieser Mensch gerade so unfreundlich ist. Er kann es wohl gerade nicht besser. Wenn das öfter passiert, versuche ich, Begegnungen so weit wie möglich zu vermeiden – immer wieder so behandelt zu werden, muss ich mir nicht antun. In manchen Situationen rufe ich mir positive Erfahrungen ins Gedächtnis, die ich mit jemandem gemacht habe, oder nehme bewusst die guten Seiten in den Blick. Die gibt es ja auch, wenn auch manchmal gut versteckt.

Wenn ich mich sehr schwertue damit, wie jemand sich verhält, versuche ich, einen Blick in den Lebensrucksack zu werfen. Ich frage mich dann, ob ich es mit solchen Lasten besser gekonnt hätte. Dann werde ich bescheiden und schaue freundlicher auf den Menschen, der für mich eine Herausforderung ist.

Es gibt Menschen in meinem Umfeld, die haben es sehr schwer. Ihnen führe ich bei Gelegenheit vor Augen, was sie alles in ihrem Leben durchgestanden und geleistet haben. Wer sich immer wieder abwertet und sich nicht gelten lässt, kann es kaum annehmen, so gewürdigt zu werden. Manchmal wirkt die Würdigung wie ein Samen, der später aufgeht. Auch mich selbst würdige ich öfters mal dafür, was ich unter sehr schweren Bedingungen geleistet habe, und auch ich erlebe das als befreiend.

Geachtet zu werden, ist ein Grundbedürfnis eines jeden Menschen. Wird es nicht erfüllt, so ist schnell Sand im Getriebe des Zusammenlebens. Viele Konflikte und Blockierungen haben ihre Ursache im Mangel an Achtung. Besonders deutlich wird das beispielsweise, wenn Paare sich trennen und sich nicht auf Regelungen bezüglich der Kinder einigen können. Weiter geht es oft erst dann, wenn sie sich vom jeweils anderen Elternteil in ihrer Rolle als Vater oder Mutter geachtet sehen. Und zu ihrem Erstaunen stellen sie fest: Wenn sie ihrerseits den anderen in seiner Elternrolle würdigen, fühlen sie sich noch zusätzlich erleichtert. Auch hier gilt: Achten tut gut, Würdigen befreit.

Wenn Sie die Knoten lösen und zu neuen Ufern lossegeln wollen, dann sollten Sie also unbedingt – sofern Abwertung für Sie ein Thema ist – die Fessel des Urteilens über das Verhalten anderer abstreifen und sich eine Haltung der Achtung aneignen. Ihr Leben wird sich dann leichter anfühlen, und das Zusammenleben mit anderen wird merklich entspannter.

Mit Worten zaubern

Paare, die verliebt sind, wissen, wie es geht, mit Worten zu zaubern. Vom Alltag können sie so in eine zauberhafte Welt wechseln. Oft sind es kleine Dinge, ein Lächeln und ein freundliches Wort, die ausreichen, sie in ein Gefühl von Schweben und von Leichtigkeit zu versetzen. Immer mal wieder erleben auch Teilnehmerinnen und Teilnehmer an klassischen Familienaufstellungen, dass sich mit Worten zaubern lässt. Werden vor allem hin zu den Eltern die passenden Worte gefunden, fühlt sich plötzlich alles viel leichter an. »Und die Welt hebt an zu singen, triffst du nur das Zauberwort ...« (Joseph von Eichendorff, »Wünschelrute«).

Wie sehr anerkennende Worte positive Gefühle wecken können, ist allgemein bekannt. Es tut jedem gut, ein freundliches Wort gesagt zu bekommen. Es ist angenehm, ein »Bitte« zu hören, wenn ich etwas tun soll, und danach ein »Danke« zu erhalten. Ein von innen kommendes »Danke!« kann sogar etwas ausgleichen, was sich eigentlich nicht ausgleichen lässt, wie etwa eine überaus große Hilfe in einer Notlage. »Es tut mir leid« – diese wenigen Worte können Verletzungen beim anderen mildern und das eigene Verschulden erträglicher machen.

Verwunderlich ist, dass dieses Wissen oft nicht die Wahl der Worte bestimmt. Theoretisch könnten wir durch eine andere Wahl unserer Worte die Welt um uns herum positiv verändern, und theoretisch könnten wir durch das, was wir sagen und wie wir es sagen, unser eigenes Leben erleichtern und fröhlicher gestalten. Im Schwäbischen gibt es zwar die Redewendung: »Net gschwätzt isch gnuag globt«, auf Hochdeutsch: » Nichts gesagt ist genug gelobt«, um die eigene Wortkargheit zu rechtfertigen. Doch Nicht-Schwaben – und vermutlich auch viele Schwaben – haben ihre Probleme damit, wenn Positives nicht eigens erwähnt wird. Nicht nur den anderen, auch uns selbst ginge es besser, wenn wir auch benennen würden, was gut und erfreulich ist.

Theoretisch ist das einleuchtend, doch praktisch sieht es oft anders aus. Oft lassen wir das Positive unerwähnt und kommentieren eher etwas, was uns negativ auffällt: »Wieso steht das denn immer noch hier rum?« – und kein Wort darüber, dass der Sohn endlich Ordnung in seinem Zimmer gemacht hat. »Deine Pflanzen könnten aber auch mal wieder Wasser vertragen!« – wie toll es auf der Fensterbank der Freundin grünt und blüht, bleibt unerwähnt. »Fünf Minuten zu spät!« – dass die Schwester, die meist viel zu spät dran ist, es geschafft hat, diesmal fast pünktlich zu sein, das zählt nicht.

Natürlich ist es nicht so einfach, anerkennende, freundliche Worte zu finden, wenn wir uns gerade ärgern, unzufrieden, enttäuscht oder sauer sind. Doch dann sollten wir lieber gar nichts sagen und uns innerlich sortieren, bevor wir den Mund auftun. In solchen Fällen auf Worte zu verzichten und sich in Achtung und Toleranz zu üben, könnte als »Zaubern durch Verzicht auf Worte« bezeichnet werden. Da kann Schweigen tatsächlich Gold sein, und Reden ist dann noch nicht einmal Silber, sondern Gift.

Zwar ist es in unserem Kulturkreis zum Glück nicht mehr üblich, jemandem ausdrücklich etwas Böses »an den Hals« zu wünschen oder ihm gar einen Fluch anzuhängen, wenn wir wütend auf ihn sind. Doch auch harsche Kritik kann Unheil anrichten, ebenso ein gedankenloses Daherreden. Wenn

Worte aus dem Reich der Gedanken in den Raum entlassen werden, haben sie nun mal eine besondere Wirkkraft. Deshalb sollten wir gut überlegen, was wir sagen, wie wir es sagen und ob wir überhaupt etwas sagen.

Schweigen ist oft auch dann Gold, wenn es einen heftigen Streit auf Paarebene gegeben hat. Die Überzeugung, der Konflikt könnte und müsste im Gespräch »aufgearbeitet« werden, um eine Wiederholung zu vermeiden, ist weit verbreitet. Das ist jedoch meistens unrealistisch. Entsprechende Versuche, auch wenn sie erst nach einer Phase der »Abkühlung der Gemüter« unternommen werden, scheitern in der Regel. Der Streit flackert wieder auf, oft heftiger als zuvor. Hilfreicher ist es, den Streit als »Unfall« zu sehen und »abzuhaken«, nicht weiter darüber nachzugrübeln, die eigenen Verletzungen nicht zu dramatisieren und auf das Gute in der Beziehung zu schauen. In einem größeren zeitlichen Abstand können dann einige wenige Worte sinnvoll sein, zum Beispiel: »Ich hab's weggelegt. Für mich darf es wieder gut sein«, oder auch, wenn es so ist: »Es tut mir leid, bitte leg's weg.«

Woher kommt diese weit verbreitete Ausrichtung auf das Negative? Dabei handelt es sich meistens um ein erlerntes Verhalten, das zur Gewohnheit geworden ist. Viele Menschen haben schon als Kinder eher abfällige als aufmunternde Bemerkungen zu hören bekommen und wurden mehr getadelt als gelobt. Was gut war, wurde als selbstverständlich hingenommen – wozu es extra erwähnen, das Kind könnte sich ja etwas darauf einbilden und auf den Gedanken kommen, sich auf seinen Lorbeeren auszuruhen, statt sich weiter anzustrengen. Und im Lauf der Zeit wurde es auch für das Kind selbst normal, sich vorwiegend kritisch zu äußern.

Aus einfacher Gewohnheit wird mit Worten viel kaputt gemacht, verletzt und entmutigt. Das ist die schlechte Nachricht. Die gute Nachricht gibt es jedoch auch: Wenn Verhalten erlernt wurde, kann es auch durch neu Gelerntes ersetzt werden. Es ist möglich, den eigenen Umgang mit Worten zu überdenken und anders zu gestalten. Sofern Sie bisher Worte eher in negativer Weise verwendet haben, können Sie das ändern. Sie können lernen, mit Worten zu zaubern, indem Sie bewusster mit Ihrer Sprache umgehen. So, wie sich der Blick auf das halb volle Glas einüben lässt, so lässt sich auch die Wortwahl hin zum Positiven immer weiter festigen, bis sie zur Gewohnheit geworden ist.

Vielleicht können Sie schon heute damit beginnen, mit Worten zu experimentieren: anderen öfters mal eine freundliche Bemerkung schenken; jemandem ein Kompliment machen; sich ausdrücklich für eine Gefälligkeit bedanken. Vielleicht verzichten Sie bei entsprechenden Anlässen bewusst darauf, etwas zu kritisieren oder herablassend zu kommentieren, und würdigen ausdrücklich die Bemühungen, die hinter dem nicht perfekten Ergebnis stecken, beispielsweise was Ordnung oder Pünktlichkeit betrifft. Oder Sie formulieren Ihre berechtigte Kritik in gemäßigter, möglicherweise humorvoller Form: »Na ja, so ganz haut das ja noch nicht hin; ist noch ausbaufähig!«, statt: »Das ist ja mal wieder voll daneben, du lernst das nie!« Sie werden feststellen, so schwer ist das nicht, trägt aber spürbar zum Wohlbefinden aller bei, auch zu Ihrem eigenen.

Auch sich selbst gegenüber können Sie mit Worten zaubern. Viele Menschen tragen in sich früh gelernte Programme der Selbstabwertung, die von Sätzen gekennzeichnet sind wie: »Ich genüge nicht«, oder: »Ich bin es nicht wert, geliebt zu werden«. Als Kinder hatten sie das Gefühl, von den Eltern nicht geliebt zu werden und ihren Erwartungen nicht zu entsprechen. Solche alten Glaubenssätze können schwer lasten und das ganze Leben überschatten. Sie können aber auch durch passende heilsame Glaubenssätze abgelöst werden, wie zum Beispiel: »Ich kann stolz auf meine Lebensleistung sein«, oder: »Ich bin es wert, geliebt zu werden, und meine Eltern haben mich auf ihre Weise geliebt«.

Wenn Sie den Eindruck haben, auch in Ihrem Lebensrucksack steckt ein derartiger Ballast, lohnt es sich, bewusst und konsequent den »Gegenzauber« positiver Worte und Sätze anzuwenden – zum Beispiel, indem Sie die neuen, positiven Aussagen über sich selbst notieren und sie Abend für Abend vor dem Einschlafen freundlich zu sich selbst sagen. Im Übrigen war ja schon die Rede davon, wie wichtig es ist, freundlich mit sich selbst umzugehen, wenn Veränderungen nicht im ersten Anlauf gelingen. Lernfortschritte werden durch Selbstbeschimpfungen nicht gefördert, sondern verhindert. Wenn Veränderung gelingen soll, braucht es immer wieder lobende Worte an die eigene Adresse.

Natürlich kann das Zaubern mit Worten nur gelingen, wenn sie nicht nur gedacht, sondern auch ausgesprochen werden. Anfangs fühlt sich das vielleicht noch etwas ungewohnt an und holpert hier und da, wie bei dem schwäbischen Bauern, der seiner tüchtigen, müde wirkenden Frau endlich mal etwas Nettes sagen wollte und sich eines Abends zu folgendem Kompliment aufschwang: »Frau, heut' siescht ab'r sehr abg'schafft aus.« Ob sich die schwäbische Bauersfrau über das Kompliment gefreut hat, ist nicht belegt. Vermutlich hat sie aber die gute Absicht gewürdigt, ein Anfang war gemacht, und überhaupt, sie war ja nicht verwöhnt …

Tun, was Freude macht

Können Sie sich erinnern, wann Sie sich selbst zuletzt etwas Gutes getan haben? Etwas, was Ihnen wirklich Freude gemacht hat? Etwas, was Sie schon lange mal wollten? Wissen Sie noch, wann in den letzten Tagen oder Wochen Sie einmal so richtig Zeit für sich selbst hatten? Oder sich bewusst mit Ihren eigenen Wünschen und Bedürfnissen beschäftigt und sich selbst gepflegt haben?

Viele Menschen sind so sehr mit Arbeit eingedeckt oder familiär so eingespannt, dass sie es nicht schaffen, sich Zeit für sich selbst zu nehmen. Oder sie haben so sehr mit Problemen zu kämpfen, dass sie einfach nicht aus ihrer täglichen Anspannung herausfinden. Manche merken gar nicht, dass sie »am Anschlag« sind; andere spüren den Druck sehr wohl, sehen aber keine Möglichkeit, davon wegzukommen. Besonders oft davon betroffen sind Väter und Mütter mit ihren vielfältigen beruflichen und familiären Verpflichtungen.

Nehmen wir beispielsweise **Nico** und seine Frau **Simone**. Das Paar ist seit 12 Jahren verheiratet und hat zwei Töchter im Alter von 10 und 6 Jahren. Nico arbeitet als Rechtsanwalt in einer größeren Kanzlei eine Autostunde von seinem Wohnort entfernt. Simone ist in Teilzeit bei einem Steuerberater vor Ort tätig. Beide sind froh und stolz, dass Nico gleich nach seiner Zulassung als Anwalt die Stelle in der renommierten Kanzlei bekommen hat – als Ausgangspunkt für eine Karriere macht sich das gut. Dass für ihren Mann eine 60-Stunden-Woche inzwischen eher die Regel ist als die Ausnahme, hat Simone sich allerdings nicht so vorgestellt. Dazu noch die vielen Stunden, die er im Auto sitzt. Einen geregelten Feierabend gibt es für ihn praktisch nicht, und auch an vielen Samstagen hat er beruflich zu tun. Den Töchtern gegenüber hat er oft ein schlechtes Gewissen, eigentlich will er mehr für seine Kinder da sein, als sein Vater es damals für ihn und seine Brüder war. Joggen und Rennradfahren, was ihm als Ausgleich guttun würde, hat er schon lange gestrichen. Und dann noch seine unzufriedene Frau … Und immer regelmäßiger gibt es Streit …

Simone fühlt sich zunehmend wie eine alleinerziehende Mutter. Wenn dann immer wieder einmal im Büro Mehrarbeit von ihr erwartet wird, wird es kritisch mit der Betreuung der Kinder. Das macht ihr Kummer, denn sie hat die Kinder sehr im Blick. Sie sollen nicht die Leidtragenden sein, wenn die Eltern so eingespannt und angespannt sind.

Deshalb sollen ihre Töchter all das machen können, woran sie Freude haben. Klar, dass Simone Fahrdienste für sie macht; klar, dass immer wieder ihre Freundinnen zum Spielen kommen und oft auch bei den Mahlzeiten dabei sind; und klar, dass ihre Kinder woanders übernachten dürfen, auch wenn der Tag danach wegen Übermüdung in der Regel anstrengend wird. Trotz ihres ständigen Einsatzes scheinen ihre Töchter aber keineswegs glücklich, im Gegenteil. Simone erlebt sie oft als fordernd und unzufrieden. Sich selbst empfindet sie oft als gestresst und weit davon entfernt, gelassen und souverän allen Anforderungen gerecht zu werden.

Schon öfter hat sie daran gedacht, ihre Arbeit als Steuerberaterin ganz aufzugeben. Aber sich nur noch um Mann und Kinder zu kümmern, das kann sie sich dann doch nicht vorstellen. Im Grunde wäre es ja auch eher Aufgabe ihres Mannes, sich vom Beruf nicht so auffressen zu lassen. Wenn er mehr zu Hause wäre, hinge nicht alles an ihr, und vielleicht könnten sie sogar als Paar endlich mal wieder etwas unternehmen. Ihre Ehe ist nicht mehr so lebendig wie früher, das macht sie zunehmend unzufrieden. Und auch mit den Kindern läuft es trotz all ihrer Bemühungen nicht wirklich rund. Sie hat abwechselnd das Gefühl, festzusitzen oder sich im Kreis zu drehen – es geht keinen Meter voran. Schließlich kommt sie auf Empfehlung einer Freundin zur Beratung.

Familiensituationen wie die von Simone und Nico gibt es häufig: Der Mann ist beruflich mehr als ausgelastet, möchte aber ein guter Vater sein. Die Mutter, oft selbst berufstätig, fühlt sich in besonderer Weise für die Kinder zuständig. Beide finden keine Zeit mehr zum Entspannen und geben auch alles auf, was ihnen »früher« einmal Spaß gemacht hat und wichtig war. Beide denken an sich selbst zuletzt – und die Kinder danken es ihnen nicht einmal, sondern sind oft unleidlich oder machen massive Schwierigkeiten. Sie spüren die Anspannung und die Konflikte der Eltern und spiegeln, dass etwas nicht in Ordnung ist. Alle leiden.

Das Wichtigste, was Eltern in einer solchen Lage tun können, ist, gut für sich selbst zu sorgen. Denn zugespitzt formuliert: Einen großen Teil der Nöte verursachen sie selbst, indem sie nicht gut für sich sorgen, sondern sich ausbeuten und ausbeuten lassen. Die Aussage ruft zunächst meist Erstaunen und auch Widerspruch hervor, bei den Müttern und Vätern in der Beratung und vielleicht auch bei Ihnen. Eltern haben doch in erster Linie für ihre Kinder zu sorgen, ihre eigenen Bedürfnisse sind doch zweitrangig. Und als Ehemann oder Ehefrau darf ich doch nicht nur in erster Linie an mich denken, wir sind ja schließlich ein Paar und also füreinander verantwortlich. Außerdem: Wie soll das gehen, für sich selbst gut sorgen? Zeit und Energie reichen ja sowieso kaum für die »Pflicht« – wo soll dann noch Raum sein für die »Kür«?

Einer Lösung näher kommen die meisten Väter und Mütter dann über eine Reihe von zusammenhängenden Fragen, die wir auch Ihnen hier stellen möchten: Was wünschen Sie sich als Eltern für Ihre Kinder? Vermutlich, dass es ihnen gut geht, dass sie ausgeglichen, glücklich und zufrieden sind. Was haben Sie sich als Kind für Ihre Eltern gewünscht? Vermutlich, dass Ihre Eltern ihr Leben auf die Reihe bekommen, dass Ihre Eltern glücklich sind – dann waren nämlich Sie als Kind entlastet und konnten »spielen gehen«. Was, denken Sie, wünschen sich Ihre Kinder für Sie als Eltern? Genau dasselbe. Denn nur wenn es Ihnen gut geht, einzeln als Vater oder Mutter und gemeinsam als Paar, geht es auch Ihren Kindern gut. Was ist also vorrangig zu tun? Völlig klar: Sie als Eltern müssen dafür sorgen, dass es Ihnen individuell und als Paar gut geht. Damit tun Sie das Allerbeste für Ihre Kinder.

Und wie geht das? Planen Sie trotz Zeitmangel immer wieder bewusst etwas ein, das Ihnen Freude macht. Stress und Überforderung als Dauerzustand können bekanntermaßen psychisch und körperlich krank machen. Damit ist niemandem gedient. Wenn Sie regelmäßig gut für sich selbst sorgen, sind Sie nicht egoistisch. Im Gegenteil. Sie übernehmen bewusst Verantwortung für die gesamte Situation, indem Sie zeitweise aussteigen, denn alle, die Ihnen nahestehen, profitieren dadurch. Zu tun, was Ihnen Freude macht, bringt Freude auch in Ihr Umfeld, sofern Sie es nicht übertreiben.

Simone in unserem Beispiel ließ sich recht schnell überzeugen, dass dieser Vorschlag ihr und ihrem Mann und damit letztlich der ganzen Familie weiterhelfen würde. Es leuchtete ihr ein, dass es nicht nur den Töchtern, sondern auch ihrer Paarbeziehung guttäte, wenn sie für sich selbst gut sorgen würde. Die Leichtigkeit, die ihre Paarbeziehung am Anfang hatte, war weitgehend verschwunden. Sie liebten sich noch immer, doch der Akku war fast leer. Das am Anfang so leichte Geben und Nehmen wollte nicht mehr so recht gelingen. Sie schaute kritisch und zugleich erwartungsvoll auf ihren Mann, ihr Mann schaute auf sie und war ratlos, wenn sie so erschöpft wirkte. Simone verstand, dass sie besser für sich selbst sorgen und sich um ihre eigene Stabilität und Zufriedenheit kümmern musste, statt vorwurfsvoll auf ihren Mann zu schauen und von ihm, der selbst am Limit war, Entlastung zu erwarten.

Beim nächsten Beratungstermin wirkte Simone entspannter und berichtete mit einem gewissen Stolz, dass sie wieder mit Aquarellmalen angefangen habe. Das könne sie auch machen, wenn die Kinder da wären – die fänden das im Übrigen ganz toll und hätten selbst erste Versuche gemacht. Im nächsten Semester würde sie dann auch einen Kurs an der Volkshochschule belegen, die Kinder könnten ja auch mal zwei Stunden alleine bleiben …

Warum viele es sich verwehren, zu tun, was ihnen Freude macht, dafür gibt es außer der Überlastung mit Pflichten noch weitere Gründe: Darf ich es mir gut gehen lassen, wenn es anderen schlecht geht? Darf ich glücklich sein bei so viel Unglück um mich herum? Diese Bedenken sind ehrenwert, doch wie soll alles besser werden, wenn nicht jemand an irgendeinem Zipfel anfängt?

Anderen Freude zu schenken, geht nur, wenn ich selbst Freude in mir habe. Und die kommt nur in mich, wenn ich etwas dafür tue. Freude zu gewinnen, geht meistens nur durch Handeln, nicht durch Abwarten und Hoffen, dass mir andere die Freude schenken. Aktiv der Freude Platz in sich schaffen, Freude sammeln, das können Sie, wenn Sie es wollen, in Ihr Leben einbauen, oft mit geringerem Aufwand, als Sie vermutlich denken.

Und was macht Ihnen Freude? Mit was können Sie, ohne dabei auf andere angewiesen zu sein, Ihre Seele erfreuen? Schauen Sie nicht darauf, was vielleicht zurzeit nicht möglich ist. Schauen Sie auf das, was ohne große Kosten und ohne viel Aufwand für Sie erreichbar ist in dem Rahmen, den Ihre Lebenssituation Ihnen vorgibt. Finden Sie heraus, was Ihnen Freude machen würde. Vielleicht gefällt Ihnen das Erleben der Natur beim Spazierengehen oder Radfahren, vielleicht möchten Sie endlich mal wieder in Ruhe eine CD hören. Oder aber Sie frischen alte Kontakte auf. Erfüllen Sie sich Ihren ganz speziellen Wunsch. Legen Sie einen Termin dafür fest und nehmen Sie sich die entsprechende Zeit. Treten Sie bewusst heraus aus der Lage, die Sie einengt und belastet. Fangen Sie an, Ihre eigenen Wünsche und Bedürfnisse wichtig zu nehmen. Und: Lassen Sie Ihre Ausreden nicht mehr gelten!

Sich freuen tut gut. Zu tun, was Freude macht, tut gut, gibt Kraft, schenkt Hoffnung. Sich selbst Gutes zu tun, ist gleichsam der Starter, wie bei einem Menü. Erst danach macht es Sinn, anderen ebenfalls Gutes zu tun. Wird diese Reihenfolge verdreht, kann es zu Mangelerscheinungen kommen. Wenn Sie ausgebrannt sind, können Sie keine Wärme geben. Wenn Sie andere innerlich erreichen wollen, sollte der Tank vorher ja nicht leer sein. Zu tun, was Ihnen selbst Freude macht, ist daher ein Geschenk an alle.

Durch Bewegung zur inneren Ruhe finden

Es gibt Menschen, die von Natur aus bewegungsfreudig sind. Nico, der Familienvater aus dem vorigen Kapitel, würde gerne joggen oder sich aufs Rennrad setzen als Gegengewicht zu seiner vorwiegend sitzenden Berufstätigkeit – er kommt nur nicht dazu. Andere »brauchen« es, sich im Fitness-Studio so richtig auszupowern oder gelegentlich eine Nacht durchzutanzen. Danach fühlen sie sich dann entspannt, sind zufrieden, haben das Gefühl, sich etwas Gutes getan zu haben.

Für Bewegungsmuffel, die es ja auch gibt, bedeutet Entspannen vielleicht, es sich vor dem Fernseher gemütlich zu machen oder sich in eine Rätselzeitschrift zu vertiefen. Oder sie treffen sich mit jemandem auf ein Bier oder eine Tasse Kaffee oder gehen ins Kino. Auch sie tun, was ihnen Freude macht, so wie wir es im vorigen Kapitel empfohlen haben. Mal abschalten, mal an sich selbst denken, mal etwas nicht zwingend Notwendiges tun, das ist grundsätzlich wichtig zur Auffüllung der eigenen Energiereserven und hilfreich im Zusammenleben. Auf diese Weise kann es gelingen, kurzfristig, sozusagen von Fall zu Fall, mit einer unbefriedigenden oder belastenden Lebenssituation besser umzugehen.

Doch manchmal ist über diese Aktivitäten hinaus mehr erforderlich, um auf Dauer in eine innere Balance zu kommen. Nehmen wir Nico: Er kommt von seiner samstäglichen Radtour nach Hause, er ist recht zufrieden, doch schon bald macht ihm die angespannte Stimmung daheim wieder zu schaffen. Am liebsten würde er gleich am Sonntag wieder verschwinden. Oder Simone: Nach dem Kaffeeklatsch mit ihrer Freundin ist sie beim Heimkommen schlagartig genervt von dem Chaos, das die Kinder verursacht haben – die gute Stimmung, die sie noch auf der Rückfahrt gespürt hat, ist dahin.

Vielleicht kennen Sie Ähnliches: Sie hatten das Gefühl, mal raus zu müssen aus Ihren vier Wänden, haben sich einen Saunabesuch gegönnt, fühlen sich ganz entspannt, aber dann allein in Ihrer Wohnung sind alle Alltagssorgen sofort wieder da. Oder Sie hatten einen anstrengenden Arbeitstag mit einigem Ärger und beschließen, am Abend noch ins Kino zu gehen, um auf andere Gedanken zu kommen. Doch sobald Sie im Bett sind, holt der ganze Stress Sie wieder ein; an Schlafen ist nicht zu denken.

Aus eigenen früheren Erfahrungen sieht **Klaus** solche spontanen »Entspannungsaktionen«, wie er sie nennt, inzwischen recht kritisch. Er hat festgestellt, dass manches, von dem er dachte, dass es ihm Freude macht, ihn recht leer zurückgelassen hat. Etliches hat ihn zwar kurzfristig auf andere Gedanken gebracht, ihm Gelegenheit zum Durchatmen gegeben oder ihn »runterkommen« lassen. An seiner inneren Beladenheit und Getriebenheit änderte sich dadurch aber nichts grundlegend.

Klaus hat daraus Konsequenzen gezogen: Zwar baut er nach wie vor Aktivitäten in seinen Tagesablauf ein, zu denen er Lust hat und die gewisse Highlights in seinem Alltag darstellen. Außerdem aber läuft er regelmäßig und ausdauernd durch die Natur. Mit »Laufen« meint er nicht

Joggen oder gar Trainieren mit dem Pulsmesser zur Steigerung seiner Fitness. Was er macht, ist eher ein zügiges, gleichförmiges Gehen über mehrere Stunden hinweg. Er empfindet dies als eine angenehm monotone Bewegung. Seine vielen Gedanken würden dabei zur Ruhe kommen. Mit der Zeit wäre er an seinen Problemen nicht mehr so nah dran wie im Alltag.

Er könne sie gleichsam aus der Distanz betrachten. Eine neue Sichtweise, kreative Ideen und viel innerer Abstand würden ihm eine geistige Klarheit schenken, die Einengendes in die Weite führen würde. Schweres würde leichter. Er würde dann klar sehen, was weiterhilft. Er würde sich dann richtig gut fühlen, gut sortiert, innerlich gelassen und zuversichtlich.

Ähnliche Erfahrungen macht **Karin.** Sie walkt ganz regelmäßig jeden zweiten oder dritten Tag mindestens eine Stunde lang allein durch eine wunderschöne Naturlandschaft, die sie direkt vom Haus aus zu Fuß erreichen kann. Das mache sie ausgeglichener. Wenn sie dennoch nicht zur Ruhe kommen könne, weil etwas Außergewöhnliches sie beschäftigt, statte sie ihrem Wald in der Nähe einen ausgedehnten Sonderbesuch ab. Damit könne sie, nachdem sie das seit Jahren so mache, inzwischen auch besonders Belastendes sortieren und loslassen.

Nach meinem Empfinden praktizieren Klaus und Karin auf etwas unterschiedliche Weise eine Art von Geh-Meditation, wie sie in anderer Form und Dimension beim Pilgern geschieht. Dabei löst sich Altes, Neues kann entstehen und findet einen vorbereiteten Platz. Ein Gefühl von Erleichterung, Befreiung und oft auch Neuorientierung stellt sich ein. »Wo stehe ich in meinem Leben? Wo will ich hin? Was kommt noch? Worauf kommt es an?« Mit diesen Fragen umreißt ein Pfarrer seine Motivation, sich endlich auf den Jakobsweg zu begeben, nachdem er schon lange die Grenzen seiner Belastbarkeit gespürt hat.

Auch nicht religiös motivierte Langstreckenwanderungen können diese Wirkung entfalten. Ein beeindruckendes Beispiel dafür fand sich kürzlich in unserer Zeitung:

Ein Mann mittleren Alters berichtete über die Erfahrungen, die er bei seiner Alpenüberquerung auf einer der klassischen Routen machte. Er war allein unterwegs und hatte in neun Wochen 1000 Kilometer zurückgelegt. Sein Fazit: »Auf der Suche nach mir selbst konnte ich viel Ballast abwerfen, mein Schubladendenken ablegen und mich stark verändern. Ich fand meinen inneren Frieden und lernte, mehr Gefühle zu zeigen. Heute ruhe ich in mir selbst.«

Ohne Leistungsdruck, nicht aus Gesundheitsgründen oder zur Steigerung der körperlichen Fitness, alleine, ausdauernd, auf sich selbst und auf den Weg konzentriert im eigenen Tempo zu laufen und auch bei anstrengenden Abschnitten nicht aufzugeben – diese Art des Gehens kann uns zurückführen in unsere innere Einheit von Leib, Seele und Geist. Es ist eine ausgezeichnete Methode, innerlich in Balance zu kommen, und kann sogar dabei helfen, schwere Lebenskrisen zu bewältigen. Das geruhsame Wandern über mehrere Stunden, wie ich selbst es gerne mag, hat ähnliche Wirkungen. Wenn ich gemütlich gehe, braucht mein Körper lediglich etwas länger, um auf die Bewegungsform einzuschwingen. Ich genieße es dabei sehr, die Natur genau zu betrachten und mit allen Sinnen aufzunehmen.

Die heilsame Kraft der Bewegung entfaltet sich offenbar in besonders intensiver Form bei langem, gleichförmigem Gehen. Doch auch bei anderen Formen ausdauernder Bewegung kann sie zum Tragen kommen. Manche Menschen lieben es, kilometerweit durch einen See oder entlang einer Küste zu schwimmen. Andere sind stundenlang mit ihren Inline-Skates unterwegs und im Winter mit ihren Langlauf-Skiern. Andere gehen immer wieder mal tageweise Segeln oder radeln gemütlich mal diese und mal jene schöne Strecke.

Auch viele Menschen, die ausdauernd und in sich selbst versunken in ihrem Garten arbeiten, berichten, wie sehr sie dadurch zur Ruhe kommen. Unkraut jäten, umgraben, Sträucher und Hecken zurückschneiden, hacken, säen und pflanzen – all diese zum Teil anstrengenden Tätigkeiten, im eigenen Tempo, ohne Zeitdruck und mit den nötigen Erholungspausen über Stunden durchgeführt, lassen Sorgen und Unruhe schwinden und schaffen ein wohltuendes Gefühl von Zentriertheit.

Wenn Sie vom Naturell her nicht so bewegungsfreudig sind, finden Sie vielleicht dennoch eine Bewegungsform, die Ihnen Freude macht und die Sie eine Zeit lang zum Testen in Ihren Alltag einbauen können. Und selbst dann, wenn Sie bewegungsmäßig eingeschränkt sind oder sich nicht sehr anstrengen dürfen, sollten Sie nicht vorschnell in körperliche Passivität abdriften – vielleicht geht doch bei genauem Hinsehen das eine oder andere in aller Gemächlichkeit, eben mit größerem Zeitaufwand. Sie werden merken, Sie kommen mehr in Ihre Mitte und können mit Herausforderungen gelassener umgehen.

Innerlich Abstand nehmen – Grenzen ziehen

Erinnern Sie sich noch an Nico, der als Jurist Karriere machen wollte, und an seine zunehmend unzufriedene und gestresste Frau Simone? Es fehlt noch ein Teil der Geschichte:

Nico litt zunehmend darunter, so wenig Kontakt zu seinen Kindern und zu seiner Frau zu haben – er war ja kaum daheim. Und wenn er da war, war er oft völlig erschöpft. Er spürte: über kurz oder lang würden ihm seine Kinder entgleiten, und seine Ehe stand auf dem Spiel. Ihm war klar, dass auch er einen Beitrag zu leisten hatte für die Entspannung der Familiensituation und dass er bei sich etwas verändern musste.

Nico entschloss sich, seine ehrgeizigen Karrierepläne zu überdenken. Sein Vater würde vermutlich enttäuscht sein, er war doch so stolz auf seinen einzigen Sohn. Doch in diesem Stil konnte und wollte er nicht weitermachen. Er nahm innerlich Abstand von seinen hohen beruflichen Zielen. Das war für ihn ein großer Schritt, war aber die Voraussetzung dafür, dass er konkrete Veränderungen angehen konnte. Ihm war klar, dass er die Regeln in seiner jetzigen Kanzlei nicht ändern konnte, daher musste er möglichst schnell eine neue Stelle finden. Er würde sich einen Arbeitsplatz suchen mit weniger Leistungsdruck, der näher bei seiner Familie lag. Er war gut qualifiziert, das würde schon klappen.

Als seine Frau hörte, was er vorhatte, war sie sehr erleichtert. Das, was sie sich schon lange gewünscht hatte, war plötzlich Realität. Bisher hatte er jedes Gespräch über dieses Thema abgewehrt. Nun war er bereit, umzudenken und Konsequenzen aus seinen Erkenntnissen zu ziehen.

Unserer Erfahrung nach machen es sich viele Menschen unnötig schwer, indem sie immer wieder selbst über ihre eigenen Grenzen gehen und/oder sich gegenüber anderen Menschen nicht angemessen abgrenzen. Dadurch wird ihr Leben zusätzlich beschwert. Innerhalb der Familie, am Arbeitsplatz, im Freundeskreis, beim ehrenamtlichen Engagement lassen sie sich Verantwortung aufladen für etwas, was nicht in ihren Verantwortungsbereich gehört; sie erfüllen Erwartungen, die sie nicht erfüllen müssten; sie arbeiten mehr, als sie eigentlich wollen; sie übernehmen ohne Not Aufgaben und Pflichten, hören sich ungerechtfertigte Vorwürfe an, lassen sich fertigmachen von an den Haaren herbeigezogener Kritik. Als Eltern lassen sie sich von ihren Kindern unter Druck setzen oder sogar herumkommandieren, statt ihnen klare Grenzen zu zeigen. Oder umgekehrt: Als erwachsene Kinder sind sie nicht in der Lage, zu ihren eigenen Eltern einen für sie passenden Abstand zu halten.

Warum ist das so? Warum gehen Menschen so wenig achtsam mit sich selbst um? Wieso lassen sie so vieles mit sich machen, was ihnen nicht guttut? Meist stecken im jeweiligen Lebensrucksack Altlasten, die noch nicht wirklich in den Blick gekommen sind: Aufträge, die sie als liebe Kinder von den Eltern bekommen und angenommen haben; unerfüllte kindliche Bedürfnisse nach Liebe und Anerkennung; Verluste, die noch nicht bewältigt sind; Trennungen vom Partner oder der Partnerin und damit verbundene Schuldgefühle gegenüber den Kindern; vor allem bei den »Braven Töchtern« das Kindheitsgefühl, nicht um ihrer selbst willen geliebt zu werden, sondern nur aufgrund von Bravsein und Tüchtigkeit. Diese und noch weitere im Hintergrund unseres Verhaltens wirkenden »Erbstücke« gilt es zu sichten und ihnen einen Platz zu geben, von dem aus sie unser Leben nicht mehr beherrschen können.

Wie das wohl bei Ihnen ist? Ob Sie sich in einem unserer Beispiele wiederfinden? Bei Nico waren es die sehr anspruchsvollen Lebensziele im Sinne seines Vaters, die dazu geführt hatten, dass er sich ständig selbst überforderte und von anderen überfordern ließ.

Bei **Brigitte** lag die Ursache in einem sehr geringen Selbstwertgefühl. Ständig machte sie im Beruf mehr, als ihr guttat. Oft erledigte sie noch etwas, was ihrer Meinung nach nicht warten konnte, während die Kolleginnen schon längst Feierabend machten. Einerseits litt sie darunter, was sie sich alles auflud, aber andererseits brauchte sie unbedingt die Anerkennung ihres Chefs, um sich nicht wertlos zu fühlen und einigermaßen mit sich selbst zufrieden zu sein. Als ihre Schlafstörungen zunahmen und sie alle paar Wochen wegen fiebrigen Infekten ausfiel, empfahl ihr Hausarzt ihr eine psychosomatische Kur.

Brigitte wollte erst nicht, doch im Nachhinein war sie sehr froh: Durch viele Gespräche und eigenes Überlegen

begriff sie, dass sie lernen musste, sich selbst mehr wert-
zuschätzen, statt bei anderen die Bestätigung zu suchen,
die sie von ihren Eltern nie erfahren hatte. Sie machte sich
klar, was sie schon alles im Leben geleistet hatte, welche
Fähigkeiten sie hatte, was an ihr liebenswert war. Sie
nahm nach und nach Abstand von ihrem übergroßen
Bedürfnis nach Anerkennung durch andere – das hatte sie
gar nicht nötig! Am Ende der Kur war sie ganz zuversichtlich, dass sich ihre Einsichten auch im Berufsalltag
bewähren würden.

Ein letztes Beispiel: **Katja** war von Kindheit an immer auf
der Suche nach Liebe. In ihrer Kindheit hatte sie wenig
davon erfahren. Schon früh heiratete sie und bekam ihr
Wunschkind. Nach zwei Ehejahren fand sie sich dann verlassen als alleinerziehende Mutter ohne Berufsausbildung
wieder. Mit ihrem zweiten Mann schien sie das große Los
gewonnen zu haben. Er verdiente gut, kümmerte sich um
ihren Sohn aus erster Ehe genauso wie um ihre gemeinsamen Kinder – nach außen eine Bilderbuchfamilie.

Wie es um ihre Ehe wirklich bestellt war, wusste niemand.
Die Zärtlichkeit des Anfangs hatte nicht lange vorgehal-
ten. Schon bald hatte sie den Verdacht, dass ihr Mann es
mit der Treue nicht so genau nahm. In ihrer Angst, wieder
verlassen zu werden, hielt sie alle Demütigungen durch
seine zahllosen Außenbeziehungen aus. Sie ertrug auch
seine Beleidigungen und Beschimpfungen – Hauptsache,
die Familie blieb erhalten. Immer wieder bemühte sie
sich um ihren Mann, versuchte ihm zu gefallen, verbog
sich und machte sich klein. Erst als die Kinder aus dem

Haus waren und ihr Mann sich ganz selbstverständlich mit seiner Geliebten in der Öffentlichkeit zeigte, schaffte sie es, sich von ihm zu trennen. Im Rückblick konnte sie sagen:

»Diese letzte massive Grenzüberschreitung meines damaligen Mannes hat mich endgültig zur Besinnung gebracht. Sie ist ein besonders heftiges Beispiel für Vorfälle, für die ich im Nachhinein dankbar bin. Sie haben mir geholfen, meine alten Verhaltensmuster zu hinterfragen und schrittweise zu ändern. Inzwischen kann ich anderen Menschen gegenüber sehr gut Grenzen ziehen, Abstand halten und vor allem auch meine tatsächliche Verantwortung sehen und den anderen Menschen ihre Verantwortung lassen – ohne dass sie mir gleichgültig wären.«

Katja hat unter Schmerzen gelernt, gut auf sich selbst zu hören. Sie kann jetzt spüren, was gerade »dran« ist, und kann das dann auch andern gegenüber vertreten. Sie muss nicht länger über ihre Grenzen gehen, um Anerkennung und Liebe zu bekommen. Sie weiß um ihre aus der Kindheit stammende Bedürftigkeit. Sie gehört zu ihrem Leben als erwachsene Frau, beherrscht aber nicht mehr ihr Fühlen und Handeln. Katja kann inzwischen selbstbewusst bei sich selbst bleiben. Das tut ihr gut und ist förderlich für die Beziehung zu anderen Menschen. »Abstand wahren ist der kürzeste Weg in die Nähe des anderen« (Hans Kudzus).

Mit beiden Beinen stabil im Leben zu stehen und ohne viele Worte für das eigene Tun und Lassen die Verantwortung zu übernehmen, entlastet in jeder Hinsicht. Wenn Sie innerlich gut stehen und gut für sich selbst sorgen können, sind Sie nicht auf das Wohlwollen und die Anerkennung anderer Menschen angewiesen und können deshalb in Freiheit Ihre Beziehungen gestalten. Sie müssen nicht mehr aus einer gewissen Bedürftigkeit heraus Dinge tun oder zulassen, die Sie eigentlich nicht wollen. Sie können selbst entscheiden, wie nahe jemand Ihnen kommen darf, wo Ihre Grenzen sind, was Sie zulassen und wo Sie sich abgrenzen. Wenn jemand Ihre Grenzen nicht respektiert und übergriffig wird, können Sie sich gelassen gegen Übergriffe schützen, ohne deshalb Schuldgefühle zu entwickeln. Das gibt ein Gefühl von Freiheit und Leichtigkeit.

Zur Festigung braucht diese veränderte innere Ausrichtung regelmäßiges Üben. Machen Sie es sich zur Gewohnheit, »Nein« zu sagen, wenn Sie etwas wirklich nicht wollen, auch wenn es nur um unproblematische Alltagssituationen geht. Je öfter Sie das Handwerkszeug »Grenzen setzen« anwenden, desto vertrauter wird es Ihnen, desto geschickter können Sie damit umgehen und dann auch in schwierigen oder hektischen Situationen Ihre Grenzen wahren. Sie werden merken, wie gut es Ihrem Selbstbewusstsein tut, wenn Sie besser als früher für sich selbst sorgen. Außerdem werden Sie positive Auswirkungen feststellen, was Ihre Beziehungen betrifft: Wer gelernt hat, seine eigenen Grenzen besser zu wahren, wird auch sensibler mit den Grenzen anderer umgehen, und das erleichtert das Miteinander ungemein.

Der große evangelische Theologe Karl Barth hat kurz vor seinem Tod in einem Brief einige »Lebensregeln für ältere Menschen im Verhältnis zu jüngeren« formuliert. Sie sind besonders für Eltern von erwachsenen Kindern hilfreich. Bei einer genauen Betrachtung des Textes habe ich festgestellt, dass manche der Vorschläge auch zu Lebensregeln für Jüngere im Umgang mit Älteren passen würden und manche auch im Umgang von Menschen der gleichen Generation miteinander. Wir halten diese »Lebensregeln« für sehr bedenkenswert:

1. Du sollst dir klar machen, dass die jüngeren, die verwandten oder sonst lieben Menschen beiderlei Geschlechts ihre Wege nach ihren eigenen (nicht deinen) Grundsätzen, Ideen und Gelüsten zu gehen, ihre eigenen Erfahrungen zu machen und nach ihrer eigenen (nicht deiner) Fasson selig zu sein und zu werden das Recht haben.

2. Du sollst ihnen also weder mit deinem Vorbild noch mit deiner Altersweisheit, noch mit deiner Zuneigung, noch mit Wohltaten nach deinem Geschmack zu nahe treten.

3. Du sollst sie in keiner Weise an deine Person binden und dir verpflichten wollen.

4. Du sollst dich weder wundern noch gar ärgern und betrüben, wenn du merken musst, dass sie öfters keine oder nur wenig Zeit für dich haben, dass du sie, so gut du es mit ihnen meinen magst und so sicher du deiner Sache ihnen gegenüber zu sein denkst, gelegentlich störst und langweilst und dass sie dann unbekümmert an dir und deinen Ratschlägen vorbeibrausen.

5. Du sollst bei diesem ihrem Tun reumütig denken, dass du es in deinen jüngeren Jahren den damals älteren Herrschaften gegenüber vielleicht (wahrscheinlich) ganz ähnlich gehalten hast.

6. Du sollst also für jeden Beweis von echter Aufmerksamkeit und ernstlichem Vertrauen, der dir von ihrer Seite

widerfahren mag, dankbar sein, du sollst aber solche Beweise von ihnen weder erwarten noch gar verlangen.

7. Du sollst sie unter keinen Umständen fallen lassen, sollst sie vielmehr, indem du sie freigibst, in heiterer Gelassenheit begleiten, im Vertrauen auf Gott auch ihnen das Beste zutrauen, sie unter allen Umständen lieb behalten und für sie beten.

Für Karl Barth war das Vertrauen auf Gott ganz zentral. Wenn Sie das anders sehen, ändert das nichts an der Gültigkeit der übrigen Empfehlungen.

Ich bin inzwischen Opa. Mir liegt viel an einem guten Miteinander mit meinen Kindern und allen, die dazugehören. Ich habe den Text für mich an die Wand gehängt. Er begleitet mich auf diese Weise. Wenn ich ihn betrachte, denke ich gerne an meine ganze Familie und freue mich an dem guten Miteinander.

Wichtiges von Unwichtigem unterscheiden

In unserer Tageszeitung gibt es auf der Jugendseite eine Rubrik, in der Jugendliche unterschiedlichen Alters jede Woche unter anderem gefragt werden: »Was ist wichtig im Leben?« Die beiden Bereiche, die mit Abstand am häufigsten genannt werden, sind Familie und Freunde. Wie die Antworten der Befragten wohl zehn oder zwanzig Jahre später ausfallen würden? Vermutlich gäbe es eine breitere Palette von Nennungen, und Familie und Freunde wären eingereiht in andere Werte wie Zufriedenheit und Erfolg im Beruf oder Gesundheit.

Was Menschen wichtig ist, das ändert sich im Laufe ihres Lebens. Je nach Lebensphase und Lebenssituation können ganz verschiedene Dinge im Vordergrund stehen. Und natürlich ist verschiedenen Menschen Unterschiedliches wichtig.

Der Student **Luca** beispielsweise legt großen Wert darauf, allerbeste Leistungen im Studium abzuliefern. Er möchte unbedingt seinen Doktor machen und am liebsten an der Uni wissenschaftlich arbeiten. Seine Erfolgsorientierung steht im Mittelpunkt seines Lebens. Seine zwei Jahre jüngere Schwester **Nina** dagegen will nach dem Abitur zusammen mit ihrem Freund erst mal durch die Welt reisen und ihre Freiheit genießen. Was sie einmal beruflich machen will? Das hat noch lange Zeit. **Sven** wiederum, etwa zehn Jahre älter, ist Lehrer mit Leib und Seele und stolzer Besitzer eines Eigenheims. Für **Sandra**, Mutter zweier Kinder im Alter von 7 und 10, ist ihre Familie das Wichtigste. Sie legt großen Wert darauf, dass abends die ganze Familie zu einer gemeinsamen Mahlzeit zusammensitzt und sich austauscht darüber, was sich am Tag alles ereignet hat. Und **Konrad**, frisch im Ruhestand, geht ganz konsequent daran, seine schriftlichen Sachen zu ordnen und auszumisten – er will seinen Kindern keinen unübersichtlichen Wust von Papieren hinterlassen, und wer weiß, wie lange er sich noch so energiegeladen fühlt.

Oft ist es auch nicht so eindeutig, was gerade am wichtigsten ist. In jungen Jahren ist vieles noch klar, später erscheint manches komplizierter. Das Gesichtsfeld weitet sich. Die Möglichkeiten der Lebensgestaltung nehmen zu, ebenso wie die Verbindlichkeiten, in die ich als erwachsener Mensch eingebunden bin. Urteilsvermögen ist gefragt angesichts der Menge und Vielfalt dessen, was möglich und nötig ist. Manchmal ist es gar nicht so einfach zu entscheiden, was gerade Vorrang hat.

Nehmen wir **Judith**, 36 Jahre alt. Sie lebt seit dem Scheitern ihrer Partnerschaft alleine. Schon lange überlegt sie hin und her, ob sie sich von ihrem Kinderwunsch verabschieden soll, um sich stattdessen ganz auf ihren Beruf zu konzentrieren. Eigentlich ist ihr ihre Karriere wichtig, doch eine eigene Familie hatte sie sich doch immer gewünscht …

Oder **Edith,** seit 2 Jahren in Rente, noch sehr fit und vielseitig interessiert. Sie würde am liebsten »alles« machen: sich ehrenamtlich engagieren, viel reisen, für die Enkelkinder da sein, und die vielen interessanten kulturellen Veranstaltungen in ihrer Stadt locken auch. Manchmal fühlt sie sich wie der Esel, der sich zwischen zwei Heuhaufen, einem zu seiner Rechten und einem zu seiner Linken, nicht entscheiden kann und zu verhungern droht.

Unserer Erfahrung nach entsteht viel unnötiger Stress dadurch, dass Menschen es nicht gelernt haben, Wichtiges von Unwichtigem zu unterscheiden. Dadurch fällt es ihnen schwer, überhaupt Entscheidungen zu treffen. Wie der Esel in dem Beispiel können sie nicht erkennen, dass es, gemessen an einem höheren Wert, nämlich nicht zu verhungern, völlig egal ist, wie die Entscheidung ausfällt. Hätte der Esel ein Bewusstsein davon, was wirklich wichtig ist, würde er nicht lange zögern, sondern rechts oder links zu fressen beginnen. Und dann, wenn er noch mehr Hunger und noch genügend Zeit hat, auch noch das andere Bündel vertilgen.

Sicherlich hinkt auch dieser Vergleich, doch er macht deutlich, worum es geht: Menschen, die nicht auf das Wesentliche schauen, tun sich schwer, das, was auf sie einstürmt, zu sortieren und zu strukturieren. Vieles zerrt an ihnen. Sie versuchen allem gerecht zu werden. Vieles regt sie auf und macht ihnen Kummer. Sie müssen sich um alles kümmern. Sie rennen hierhin und dorthin, weil sie zu viel möchten. Sie verzetteln sich. Alles erscheint wichtig oder nötig. Alles hat Vorteile und Nachteile. Im Umfeld raten die einen zu diesem und die anderen zu jenem. Oft fühlen sie sich wie in einem Netz gefangen, erschöpft oder blockiert. Alles ist so schwierig. Sie resignieren und hadern mit sich und der Welt.

Wer klar Prioritäten setzen kann, hat entschieden bessere Voraussetzungen, sich nicht lähmen zu lassen und handlungsfähig zu sein. Das ist nicht leicht, wenn verschiedene gewichtige Interessen oder Anforderungen miteinander konkurrieren. Doch selbst das lässt sich lernen. In vielen Fällen geht es gar nicht um schwerwiegende Entscheidungen. Ob ich Tante Gabriele zum Geburtstag anrufe oder ihr einen Kartengruß schicke, das lohnt kein langes Hin- und Herüberlegen. Sonst kann es passieren, dass der Geburtstag vorbei ist, ohne dass ich gratuliert habe. Oder: Ob ich vom Haus aus in den Park losmarschiere oder erst ein Stück mit dem Auto fahre und dann den See umrunde, das ist zweitrangig gegenüber der Tatsache, dass ich überhaupt einen Spaziergang mache und nicht vor lauter Abwägen zu Hause bleibe. Oder wenn ich mich nicht entscheiden kann, welche der beiden Hosen ich kaufen soll, kann es sein, dass ich gar keine kaufe, obwohl ich dringend eine brauche, oder dass ich beide kaufe, obwohl ich im Budget nur eine eingeplant hatte und eigentlich auch nur eine brauche. Zufriedenheit stellt sich in all den genannten Fällen wohl eher nicht ein.

Sich nicht entscheiden zu können, ist eine Last. Wenn das gelegentlich oder häufig auch Ihr Problem ist, versuchen Sie herauszufinden, was Ihnen wirklich wichtig ist, ganz allgemein in Ihrem Leben und speziell in Ihrer aktuellen Lebenssituation. Vielleicht liegt es etwas versteckt unter dem Stress oder der Routine des Alltags. Vielleicht gilt es auch, einiges kritisch zu hinterfragen, was bisher zu Ihrem Alltag gehörte, weil es Sie daran hindert, sich dem zu widmen, was wesentlich für Sie ist.

Sollten Sie sich möglicherweise verabschieden von einem Teil der Aufgaben, die Sie übernommen haben? Müssen Sie unbedingt jede Einladung annehmen? Sind Ihnen alle Ihre Kontakte wirklich wichtig? Vielleicht ist es auch an der Zeit, manches in Ihrem Leben zu vereinfachen. Was halten Sie von der Idee, einmal ganz real auszumisten und wegzugeben, was Sie nicht mehr benötigen? Weniger zu haben, kann sich gut anfühlen. Es erleichtert den Überblick. Ordnung zu halten, wird einfacher. Was weg ist, ist weg, und was gemacht ist, ist gemacht. Vielleicht würde es Sie auch entlasten, nicht so viele Pläne zu machen oder sich weniger Freizeitaktivitäten vorzunehmen.

Gehen Sie in Gedanken nochmals die Situationen durch, in denen Sie Ihrer Erinnerung nach Entscheidungsschwierigkeiten hatten oder bei denen Sie im Nachhinein mit einer getroffenen Entscheidung unzufrieden waren. Notieren Sie in kurzen, klaren Sätzen, was Sie in vergleichbaren Situationen das nächste Mal anders machen wollen: »Die nächste Einladung zum Kaffeeklatsch bei Frau X nehme ich nicht an.« »Bei der nächsten Wahl werde ich nicht wieder als Elternvertreter kandidieren.« »Ich werde selbst keine Weihnachtsgrüße mehr verschicken, sondern nur noch die beantworten, die ich bekomme.« »Sobald ich wieder im Keller ans Aufräumen gehe, werde ich als erstes mindestens die Hälfte der gesammelten Blumentöpfe/Schachteln/Marmeladengläser/Holzreste aussortieren und in die Mülltonne tun.«

Mit zunehmender Lebenserfahrung gelingt es Menschen meist besser, Wesentliches von Unwesentlichem zu unterscheiden und sich auf das Wesentliche zu beschränken. So wird manches einfacher. Sie haben weniger Stress. Ihr Leben wird insgesamt leichter.

Sonja und ihr Ehemann **Hartmut** sind schon einige Jahre im Ruhestand. Für sie ist ganz zentral, dass es allen in ihrer großen Familie gut geht. Darüber hinaus freuen sie sich, dass sie beide körperlich noch fit sind und viel unternehmen können, mal dieses, mal jenes, was sich gerade so ergibt – bloß kein Freizeitstress!

Und sogar **Johanna,** die auf den Rollstuhl angewiesen ist und in einem Pflegeheim wohnt, lebt in diesem Punkt leicht, weil sie genau weiß, was ihr wichtig ist, nämlich die täglichen Gespräche mit den Pflegerinnen und Pflegern sowie die gelegentlichen Besuche von Freunden und Verwandten. Mit ihren Einschränkungen hat sie sich abgefunden – damit immer wieder zu hadern, bringt sie ja nicht weiter. Ihr größter Wunsch ist, dass ihre körperlichen Einschränkungen nicht zunehmen, alles andere ist für sie nicht wirklich von Bedeutung.

Für mich selbst zum Beispiel ist es in meiner jetzigen Lebensphase zu einem Herzensanliegen geworden, dieses Buch zu schreiben. Daraus folgt ganz klar: Alles, was damit in Zusammenhang steht, ist mir wichtig. Diesem Ziel wird vieles, aber natürlich nicht alles, untergeordnet. Das Leben geht weiter, und dazu gehört eine ganze Reihe anderer Tätigkeiten. Doch ich wache sehr darüber, dass das Schreiben nicht zu kurz kommt. Andernfalls wäre ich unzufrieden und müsste das schleunigst ändern. Wenn dieses Buch dann fertig ist, werde ich wieder neu prüfen, was dann für mich in der Hauptsache »dran« ist.

Das, was mir in einer bestimmten Phase oder Situation meines Lebens wichtig ist, fügt sich mit anderen zeitweiligen »Wichtigkeiten« zu einem stimmigen Ganzen. Es ist wesentlich für mich, im Einklang zu sein mit meinem Leben, gut sortiert zu sein, im inneren Gleichgewicht, dankbar auch für Kleinigkeiten. Dazu hilft mir vieles von dem, was wir Ihnen bisher in diesem Buch schon vorgeschlagen und erläutert haben.

Ziele setzen – nach vorne gehen

Sich Ziele setzen, innerlich in Bewegung kommen und bleiben, nach vorne schauen und nach vorne gehen – das ist ein weiterer wichtiger Baustein, um trotz Schwerem leichter zu leben. Ziele zu erreichen, gibt Befriedigung und stärkt das

Selbstwertgefühl. Menschen fühlen sich in der Regel gut, wenn sie ihr Leben aktiv gestalten und etwas bewirken, statt es nur in einer Beobachterposition an sich vorbeiziehen zu lassen. Es fühlt sich gut an, innerlich in Bewegung zu sein, und es fühlt sich sehr gut an, Ziele zu erreichen.

Umgekehrt geht es Menschen meistens nicht gut, wenn sie keine Ziele haben, aus was für Gründen auch immer, und innerlich auf der Stelle treten. Wer sein Leben nicht aktiv gestaltet, fühlt sich in vielen Fällen schwach, unfähig, nutzlos, als Opfer. Und wenn dann immer wieder gute Vorsätze scheitern, aus der Passivität und Gleichgültigkeit herauszukommen, geht das Selbstwertgefühl beständig weiter in den Keller. Das Leben fühlt sich schwerer und schwerer an. Die Lebendigkeit fehlt.

Wenn Sie Wichtiges von Unwichtigem unterscheiden können, haben Sie gute Voraussetzungen, um sich konkrete Ziele zu setzen, diese anzugehen und konsequent zu verfolgen. Sie müssen es »nur noch« tun.

So ist es mir mit meinem »Herzensanliegen Buch« gegangen: Ich wusste, mir war es wichtig, meine Erfahrungen weiterzugeben, und so habe ich mich zusammen mit meiner Frau ans Schreiben gemacht, um dieses Ziel zu erreichen. Ich fühle mich gut dabei, denn ich habe das Gefühl, etwas Sinnvolles zu tun, und kann dabei manches selbst noch besser verstehen. Das Schreiben macht mir Freude und trägt zugleich zu meiner inneren Entwicklung bei.

Wenn Sie nicht wirklich wissen, was Ihnen wichtig ist und was nicht, können Sie das lernen, indem Sie nacheinander in verschiedenen Bereichen konkrete, für Sie überschaubare Ziele anstreben und praktisch austesten, was für Erfahrungen

Sie dabei machen. Mag sein, fremde Sprachen faszinieren Sie seit eh und je. Warum nicht in der Volkshochschule alte Kenntnisse auffrischen und erweitern? Oder eine weitere Sprache lernen? Andererseits haben Sie auch immer gern etwas mit Kindern gemacht – vielleicht sollten Sie doch eher in die Hausaufgabenbetreuung für Grundschulkinder mit ausländischen Wurzeln hineinschnuppern? In diesem Prozess werden Sie merken, was Ihnen »etwas bringt«. Manches andere, das nichts mit dem Ziel zu tun hat, tritt in den Hintergrund, weil eben nicht alles auf einmal geht.

Wenn Sie sich schwer tun, nach vorne zu schauen und sich Ziele zu setzen, überlegen Sie, was es wohl ist, das Sie daran hindert. Möglicherweise tragen Sie viel Lebensballast mit sich herum, der Ihre Energie bindet und den Sie Ihrer Meinung nach erst bearbeiten müssen, bevor Sie sich Neuem zuwenden können. Dann könnte die Geschichte von Claudia für Sie aufschlussreich sein.

Claudia, Mitte 30, führte ihre vielen psychischen Probleme auf die schwierigen Verhältnisse in ihrem Elternhaus zurück. Seit der Pubertät beschäftigte sie sich mit psychologischen Themen, in der Hoffnung, sich selbst dann besser zu verstehen und im Alltag besser mit sich klarzukommen. Als junge Frau machte sie dann sechs Jahre lang eine Therapie. Sie kannte sich bestens und hatte für alles eine Erklärung, aber wirklich weitergebracht hatte sie all das ihrem Empfinden nach nicht. Sie steckte fest.

Irgendwann spürte sie, dass es so nicht weitergehen konnte. Sie war inzwischen Mutter geworden, hatte einen lieben Mann und brauchte ihre ganze Kraft, um mit dem

Kind ihren Alltag zu meistern. Sie konnte und wollte es sich nicht mehr leisten, ständig um sich selbst zu kreisen. Sie wollte lernen, ohne Hilfe von außen auf ihren beiden Beinen zu stehen und seelisch stabil zu sein. Das war ihr großes Ziel, das sie fest im Auge behielt. Der bewusste Verzicht auf das Psychologisieren fiel ihr zwar schwer – es war ihr ja so sehr zur vertrauten Gewohnheit geworden. Doch sie spürte, dass es ihr nicht guttat, und ihre kleine Tochter brauchte sie ganz. Täglich trainierte sie, das Vergangene ruhen zu lassen und ganz im Jetzt zu leben. Schon nach wenigen Wochen sagte sie, sie sei »über den Berg«. Nun sei sie bei sich selbst angekommen. Damit sei nicht automatisch alles einfach geworden. Doch sich ins Psychologisieren zu flüchten, das würde sie inzwischen konsequent unterlassen. Stattdessen würde sie sich entschlossen den konkreten Anforderungen des Alltags stellen.

Möglicherweise kommt Ihnen aber eher die Thematik von Kurt vertraut vor:

Kurt, Anfang 60, ist in einer ganz anderen Lebenssituation als Claudia, hadert, anders als sie, auch nicht mit seiner Kindheit, hat aber ebenfalls keine Energie, sein Leben aktiv zu gestalten. In seinem Beruf hat er sehr erfolgreich gearbeitet, doch seit er im Ruhestand ist, hängt er in den Seilen. Er ist lustlos und unzufrieden. Er spricht immer wieder davon, was er noch alles machen sollte, nimmt aber nichts in Angriff. Irgendwie erscheint ihm alles sinnlos. Er liest stundenlang Zeitung. Regelmäßig versackt er lange in die Nacht hinein vor dem Fernseher.

Für seine Partnerin wird das Zusammenleben mit ihm zunehmend schwierig und unbefriedigend. Seine Antriebslosigkeit hält sie kaum aus. Ihrem Empfinden nach verhält sich Kurt so, wie wenn er nicht daran glauben würde, dass das Leben ihm noch etwas Interessantes zu bieten hat: »Er sitzt da und wartet auf ein Wunder von außen. Natürlich weiß er im Kopf, dass das nicht passiert, aber dann wäre das eben so. Er kapiert nicht, dass er selbst aktiv werden muss, damit er sich besser fühlt. Das macht mich ganz kribbelig. Dabei müsste er doch nur mal an irgendeinem Punkt anfangen, mit irgendetwas, was ihm früher Spaß gemacht hat. Dann würde er schon merken, dass ihm das guttut. Und dann würde er vielleicht insgesamt mehr in die Gänge kommen und sich nicht so hängen lassen.«

Claudia musste die Vergangenheit ruhen lassen, um ihren Platz im Leben als Frau und Mutter voll einnehmen zu können. Kurt dagegen müsste sich darauf einstellen, dass er in einem neuen Lebensabschnitt angekommen ist, und seine Möglichkeiten nutzen, statt darauf zu starren, wie wenig Lebenszeit ihm noch verbleibt und was er alles nicht mehr machen kann. Bei anderen Menschen können es noch andere Ursachen sein, die eine aktive Lebensgestaltung und persönliche Weiterentwicklung verhindern. Beispielsweise muss jemand, der ein Arbeitsleben lang vorwiegend Aufgaben ausgeführt hat, die vorgegeben wurden, erst lernen, eigene Ziele zu entwickeln, wenn im Ruhestand niemand mehr sagt, was zu tun ist. Oder eine »Familienfrau«, die ganz auf ihre Kinder ausgerichtet war, tut sich vielleicht schwer, die entstandene Leere mit neuem Sinn zu füllen, wenn die Kinder aus dem Haus sind. Oder es war in der Herkunftsfamilie überhaupt nicht üblich, sich Ziele zu setzen, es ging nur ums tägliche Überleben.

Falls auch Sie nicht nach vorne gehen können: Welches sind Ihre ganz persönlichen »Bremsklötze«? Forschen Sie nach. Finden Sie heraus, was die Hemmnisse sind. Und beschließen Sie, sich ab sofort davon nicht mehr gefangen halten zu lassen. Gestern war gestern, und was die Zukunft bereit hält, ist ungewiss. Wichtig ist, auf das Jetzt zu blicken und es zu gestalten im Hinblick darauf, was Ihnen wichtig ist. In jeder Lebensphase bieten sich Chancen zur aktiven Gestaltung des eigenen Lebens, in jeder Lebensphase ist Entwicklung und Reifung möglich.

Wer nach vorne weiterkommen möchte, wird sich immer wieder Ziele setzen, und wer sich immer wieder Ziele setzt und sie auch erreicht, entwickelt sich dadurch weiter. Das tatkräftige Nach-vorne-Gehen ist dabei zentral. Die Erfolgsgeschichte von Luise, die sich immer wieder neue, für sie wesentliche Ziele setzte, könnte für Sie in dieser Richtung ein »Mutmacher« sein:

Luise hat in ihrem Leben viel Schweres erlebt. Von ihrem Familiensystem war sie belastet. Ihre Ehe scheiterte, als ihre beiden Kinder relativ klein waren. Danach teilte sie sich mit ihrem Ex-Mann die Aufgabe, die Kinder zu betreuen. Parallel dazu machte sie eine Ausbildung, um sich beruflich zu stabilisieren. Das gelang ihr. Ihre Kinder stehen inzwischen auf eigenen Füßen. Sie lebt in einer neuen Partnerschaft, ist glücklich und stabil. Zwei Dinge sind ihr besonders wichtig: Zum einen ist sie der Meinung,

Probleme sind dazu da, gelöst zu werden. Zum anderen sieht sie ihr Leben täglich als großes Lernfeld. Sie will sich weiterentwickeln und will reifen. Sie hat ihr Leben geordnet und ist eine gestandene Frau, weiß, was sie will und was nicht, und sorgt gut für sich selbst. Sie hat aus ihren Fehlern gelernt und ist inzwischen gut unterwegs. Wenn etwas schiefläuft, wird es geradegebogen. Sie macht den Eindruck, nichts könne sie aus der Bahn werfen. Inzwischen nimmt sie vieles mit Humor, ist zupackend und offen für das Leben in allen Bereichen. Sie strahlt Sicherheit und Zufriedenheit aus und ist in ihrem Umfeld sehr beliebt.

Wenn Sie sich entschieden haben, wie Claudia oder Luise in unseren Beispielen nach vorne zu gehen, ist damit aber noch nicht automatisch klar, welche konkreten Schritte dann für Sie anstehen. Es kann sein, dass Sie raus aus der vertrauten Passivität möchten und weg vom endlosen Grübeln, dass Sie Ihr Leben aktiver gestalten möchten als bisher und sich dadurch weiterentwickeln wollen, doch Sie wissen nicht so recht, was Sie wirklich interessiert und Sie in Bewegung bringen könnte.

Manchmal ist es tatsächlich nötig, intensiv nach dem zu fahnden, was wir eigentlich wollen, weil es unter so vielen Nebensächlichkeiten wie unter einem Berg von Schutt begraben liegt oder im Dornröschenschlaf schlummert. Oft führt ein Blick zurück in unsere »jungen Jahre« auf die richtige Fährte: Was war mir damals wichtig? Was wollte ich damals unbedingt mal machen? Wohin wollte ich mich entwickeln? Manchmal geht es auch nur darum, etwas wieder mehr ins Bewusstsein zu holen, was eigentlich schon immer klar war, zum Beispiel, dass ich eine künstlerische Begabung habe und daraus endlich etwas machen könnte und sollte.

Nach unserer Überzeugung hat jeder Mensch spezielle Entwicklungsaufgaben. Bezüglich dieser Aufgaben auf dem Weg zu sein, das fühlt sich gut an. Auch Paare fühlen sich gut, wenn sie sich miteinander weiterentwickeln. Sofern es einen Entwicklungsstau gibt, entsteht bei Einzelpersonen wie bei Paaren eine Menge an Schwierigkeiten.

»Ziel eines sinnvollen Lebens ist, den Ruf der inneren Stimme zu hören und ihm zu folgen.« Dieses Zitat stammt von Hermann Hesse. Es gehe darum, dass wir »das Leben möglichst der Gestalt annähern, die als Ahnung in uns vorgezeichnet ist«. Finden Sie heraus, was in Ihnen steckt und verwirklicht werden will. Höchstwahrscheinlich wird es Sie mit Befriedigung erfüllen und ein Gegengewicht bilden zu dem, was nach wie vor schwer ist in Ihrem Leben. Es muss nichts Spektakuläres sein, was Sie sich vornehmen. Doch es sollte Ihnen Freude schenken und für Sie so gewichtig sein, dass Sie im Nachhinein zufrieden feststellen können: Wie gut, dass ich das gemacht habe!

Schritt für Schritt

»Menschen fühlen sich in der Regel gut, wenn sie ihr Leben aktiv gestalten und etwas bewirken, statt es nur in einer Beobachterposition an sich vorbeiziehen zu lassen. Es fühlt sich gut an, innerlich in Bewegung zu sein, und es fühlt sich sehr gut an, Ziele zu erreichen« – so haben wir zu Beginn des letzten Kapitels festgestellt. Vermutlich stimmen Sie uns zu.

Doch: Wie kann das zuverlässig gelingen? Wie lassen sich Entwicklungsschritte machen, die mir guttun? Die dazu beitragen, dass ich zufriedener werde und mehr Leichtigkeit in mein Leben kommt?

Nach unserer Erfahrung ist das gar nicht so einfach, denn die Entwicklungsschritte auf dem Weg hin zu mehr Leichtigkeit im Leben haben oft mit Verhaltensänderungen zu tun – denken Sie nur an das Beispiel von Kurt, der nicht aus seiner Passivität herausfindet. Deshalb widmen wir diesem Thema bewusst ein ganzes Kapitel.

Damit Vorsätze, wie sie zum Beispiel an Neujahr gefasst werden, keine bloßen Absichtserklärungen bleiben, ist einiges an Anstrengung nötig. Der Weg zu einer dauerhaften Verhaltensänderung ähnelt meistens einer langen, anspruchsvollen Wanderung, die einiges an Disziplin und Durchhaltevermögen erfordert. Wer beispielsweise schon versucht hat, sich das Rauchen abzugewöhnen, wird das bestätigen. Bevor es an die genaue Planung geht, gehört deshalb erst einmal die Motivation auf den Prüfstand: Ist mir das Ziel, das ich vor Augen habe, wirklich so wichtig, dass ich bereit bin, einiges an Anstrengung auf mich zu nehmen?

Und bevor es dann mit dem Wandern losgehen kann, sind einige Vorbereitungen zu treffen – einfach loszumarschieren, das wäre leichtfertig. Haben Sie eine Vorstellung von dem Gelände, das Sie erwartet? Haben Sie sich kundig gemacht, wie Sie am besten zu Ihrem Ziel gelangen? Sind Sie mit passendem Schuhwerk ausgestattet? Sandalen oder Turnschuhe im Gebirge sind zum Beispiel eine Gefahrenquelle. Das Wetter kann umschlagen, sind Sie gewappnet mit Regenschutz und warmer Kleidung? Haben Sie genügend zum Essen und zum Trinken eingepackt? Passt Ihr Ziel zu Ihrer Fitness? Oder sollten Sie vorher noch etwas trainieren? Haben Sie ausreichend Zeit eingeplant? Wo und wann wollen Sie Pausen machen? Ist Ihre Wanderung so lang und anspruchsvoll, dass Sie sie in mehrere Etappen unterteilen sollten? Sollten Sie sich vielleicht für den Anfang besser nur eine Teilstrecke vornehmen? Vielleicht wäre es sogar angemessen, für ein besonders unübersichtliches Teilstück einen Bergführer zu engagieren. Ohne solche Vorüberlegungen und praktische Vorarbeiten loszumarschieren, wäre ein typischer Anfängerfehler, der das Unternehmen leicht scheitern lassen könnte.

Eine auf diese Weise gut geplante anspruchsvolle Wanderung kann trotz aller Anstrengungen auch Spaß machen. Sie werden vermutlich manch Schönes am Wegesrand entdecken. Vielleicht führt Ihre Wanderung Sie auch zu einem einladenden Gasthof oder zu einer gemütlichen Almwirtschaft mit Ausblick in die Ferne. Dort können Sie sich dann erholen und sich für die Anstrengungen belohnen, die Sie sich zugemutet haben. Manchmal allerdings fällt es nach einer Pause schwer, wieder in die Gänge zu kommen – überwinden Sie sich und bleiben Sie dran! Das gilt auch, wenn Sie in schwierigem Gelände einmal ausrutschen. Vielleicht haben Sie auch eine angenehme Begleitung. Wer sagt, Sie müssten die ganze Wegstrecke alleine gehen? Manches ist leichter, wenn die Möglichkeit zu gegenseitiger Unterstützung und Ermutigung gegeben ist.

Das Zentrale bleibt das Gehen, Schritt für Schritt. Solange Sie nicht gehen, kommen Sie auch nicht voran. Es nimmt nur Energie und kostet Zeit, wenn Sie länger Pause machen, als zum Verschnaufen nötig ist. Auch eine Gehweise wie beim »Rottweiler Narrensprung«, einem Element der alemannischen Fasnet, ist nicht zu empfehlen: ungeregelt immer mal wieder einige Schritte rückwärts und seitwärts – damit kämen Sie unterm Strich nur langsam und mühsam voran. Einen verlockenden Seitenpfad einzuschlagen, bedeutet meist einen Umweg, doch manchmal lohnt es sich – Sie müssen dann eben in Kauf nehmen, dass Sie länger bis zu Ihrem Ziel brauchen.

Je nachdem, zu welchem für Sie erstrebenswerten Ziel Ihre Wanderung führen soll, sind unterwegs unterschiedliche Gesichtspunkte bedeutsam. Bei der Raucherentwöhnung ist bekannt: Ein Schritt zurück – und die Anstrengungen von Wochen oder Monaten waren vergebens. Bei anderen inneren »Wanderungen« wirkt sich eine kurze Schwächephase nicht so katastrophal aus, zum Beispiel, wenn Sie doch mal wieder einen Abend länger vorm Fernseher hängen geblieben sind, als Sie eigentlich wollten.

In manchen Fällen ist es auch möglich, mal eine längere Pause einzulegen, das Marschtempo zeitweise zu verlangsamen, Teilstrecken in zeitlichen Abständen anzugehen oder die Route abzuändern, ohne dass sich dies negativ auf das »Gesamtunternehmen« auswirkt. Eine gewisse Flexibilität kann sogar sinnvoll sein, sofern Sie bewusst damit umgehen und nicht schleichend wieder in Ihre alten Muster zurückfallen oder Ihr Vorhaben ganz aufgeben. Übrigens: Hinfallen ist keine Schande, ebenso wenig wie Phasen der Schwäche – wichtig ist, dass Sie sich aufrappeln und weiter voranschreiten, Schritt für Schritt. Und selbst wenn Sie einmal den richtigen Weg verfehlen, einen Seitenweg ausprobieren, der sich als »Holzweg« erweist, oder im Kreis laufen – wenn Sie nicht aufgeben, werden Sie mit großer Wahrscheinlichkeit auch Ihr Ziel erreichen, nur eben etwas später als geplant.

»Schritt für Schritt« bedeutet auch, sich nicht zu viel auf einmal vorzunehmen. Was innere Abläufe betrifft, ist Multitasking nicht sehr Erfolg versprechend. Deshalb ist es auch nicht sinnvoll, an ein größeres Vorhaben zu gehen, wenn Sie nicht wirklich den Kopf dafür frei haben, weil Sie mit anderen Aufgaben eingedeckt sind. Wenn aber dann der richtige Zeitpunkt gekommen ist, sollten Sie konzentriert Ihre Planung machen und zügig mit der Umsetzung beginnen, denn: »Wer lange sinnt, beginnt nicht, und wer nicht beginnt, gewinnt nicht«, wie es ein arabisches Sprichwort auf den Punkt bringt.

Bei allen Punkten gilt: Nur keine Hektik, keinen Stress – eine Erhöhung des inneren Tempos bringt Sie meist nicht schneller voran, sondern nur unter größeren Druck. Erfahrene Wanderer bevorzugen ein eher ruhiges Grundtempo und einen gleichförmigen Rhythmus. Sie stürmen zu Beginn auch nicht los, sondern schreiten langsam, aber stetig voran und vermeiden es, völlig erschöpft stehen bleiben zu müssen. Wenn Sie eher der Typ sind, der in der Regel mit Schwung startet und sich schnell verausgabt, sollten Sie bewusst Ihr Tempo etwas verlangsamen. Anfangs ist das vermutlich ungewohnt und nicht ganz leicht. Sie kommen auf diese Weise aber zuverlässiger an Ihr Ziel.

Ob Sie darüber sprechen sollen, was Sie vorhaben? Das will gut überlegt sein. Möglicherweise gehen Sie, wenn Sie immer wieder darüber reden, gar nicht ans Umsetzen. Andererseits: Vielleicht hilft es Ihnen, wenn Sie gelegentlich von einem wohlwollenden Menschen an Ihr Ziel erinnert und zum Durchhalten ermuntert werden. Es kann aber auch sein, dass Sie sich ärgern, weil Sie immer wieder eher mahnend darauf angesprochen werden, und sich kontrolliert fühlen. Dann kann es passieren, dass Sie vollends die Lust an Ihrem Projekt verlieren.

Wenn Sie etwas tun, was Ihnen Freude macht, werden Sie sich nicht beschwert, sondern eher beschwingt fühlen. Zugleich tun Sie damit etwas für Ihre innere Weiterentwicklung, was auch wieder ein gutes Gefühl ist.

Erwachsenwerden ist schwer – und befreiend

In Therapeutenkreisen wird eine Geschichte von Jeff Zeig und seinem Lehrer Milton Erickson erzählt, dem Begründer der Hypnotherapie. Wir zitieren sie in der Fassung von Otto Brink:

> Dr. Erickson bekam die ehrenvolle Aufgabe, mit zwei anderen bekannten Psychotherapeuten einen internationalen Psychotherapiekongress vorzubereiten. Er sagte zu mir: »Jeff, mach du das für mich, flieg nach New York und mach die Planung für den Kongress mit den beiden Kollegen.« Ich freute mich sehr über das große Vertrauen, das Dr. Erickson zu mir hatte, und freute mich auf die Gespräche mit den beiden berühmten und verehrten Kollegen.
>
> In New York fiel ich aus allen Wolken, die beiden Kollegen wollten nicht, dass ich, ein junger Mann, in Vertretung von Dr. Erickson die Kongressvorbereitungen mit ihnen machte. Sie versuchten mich hinterhältig und intrigant auszubooten. In mir brach eine Welt zusammen. Nie hatte ich erwartet, dass zwei so berühmte und von mir verehrte Männer sich so verhalten würden.

Als die Gesprächsrunde vorüber war, rannte ich sofort zum Telefon, rief Dr. Erickson an und berichtete ihm über diese schlimme Enttäuschung. Er hörte mir eine halbe Stunde lang zu. Als ich mit meiner Klage zu Ende war, sagte er: »Du bist willkommen in der Welt der Erwachsenen!«, und legte den Hörer auf.

Viele Menschen haben wie der junge Therapeut in unserem Beispiel in irgendeiner Form kindliche Reste in ihrer Gefühls- und Gedankenwelt, die sie daran hindern, mit den Herausforderungen des Erwachsenenlebens gelassen umgehen zu können. Sie sehnen sich nach einer heilen Welt. Was sie als Erwachsene erleben, ist das genaue Gegenteil. Das bringt sie in einen inneren Zwiespalt, der sie unzufrieden und unglücklich macht. Es gibt jede Menge Schlimmes in unserer Welt, Eitelkeit, Egoismus, Ausbeutung, Wichtigtuerei, Gleichgültigkeit, aber auch Verschlossenheit, Gefühlsarmut, und noch vieles mehr. Daran nicht zu verzweifeln, uns nicht lähmen und verbittern zu lassen, uns aber auch nicht in hektischer Betriebsamkeit aufzureiben und gegen Windmühlen zu kämpfen, sondern trotz allem ganz bei uns selbst zu bleiben und mit beiden Beinen kraftvoll im Leben zu stehen, das beschreibt, was wir unter Erwachsenwerden verstehen.

Auch für mich ist es nicht einfach, in der Welt der Erwachsenen zurechtzukommen. Ich möchte ja meine Ideale nicht alle begraben. Ich möchte nicht so werden wie Menschen, über die zu urteilen mir zwar nicht zusteht, deren Verhalten ich aber klar ablehne. Vieles aus der Welt der Erwachsenen kann ich nicht gutheißen. Andererseits kann ich vor dieser Welt nicht fliehen. Es ist nun mal die Welt, in der wir leben. In dieser Welt möchte ich kraftvoll mein eigenes Leben so leben, wie es zu mir passt. Und um das zu können, bleibt mir nichts anderes übrig, als erwachsen zu werden.

Erwachsenwerden bedeutet unter anderem, uns zu verabschieden von enttäuschten Erwartungen und in der Kindheit nicht erfüllten Bedürfnissen. Diese wirken sonst störend und zum Teil zerstörerisch ins Erwachsenenleben hinein, vor allem bezogen auf Partnerschaften. Sie verursachen aber auch Schwierigkeiten mit den eigenen Kindern und im Beruf. Dazu einige Beispiele:

Juliane, Ende 30, kam zu uns in ein Seminar. Sie wollte herausfinden, ob sie ihren Mann verlassen sollte oder nicht. Ihr Mann war mitgekommen. Als wir sie zu ihrer Ehe befragten, waren wir erstaunt: Sie schätze ihren Mann sehr, auch als Vater ihrer beiden Kinder. Einzig ihr Bedürfnis nach tiefen Gesprächen würde er nicht befriedigen. Auch ihr Mann schätzte seine Frau sehr. Er sei mitgekommen, weil er wolle, dass sie zusammenbleiben. Gespräche führen, wie seine Frau das wünsche, das könne er nicht.

Während sie ihr Leid klagte, wirkte sie nicht wie eine Frau von Ende 30, sondern eher wie ein Kind, das einen großen Kummer hat. In einem solchen Fall bietet es sich an, provokativ zu arbeiten. Ich fragte sie, wie alt sie denn jetzt gerade wäre. Mit dieser Frage konnte sie nichts anfangen, auch nicht als ich nachschob, meinem Eindruck nach sei sie gerade etwa 10 Jahre alt. Wie sehr sie noch in kindlichen Gefühlen steckte, konnten alle Anwesenden spüren, nur sie nicht.

Ihr selbst wurde das erst bei der Aufstellung ihrer Herkunftsfamilie deutlich. Ihr Vater war, so zeigte sich, durch Kriegsteilnahme und Gefangenschaft in Russland so sehr mit sich selbst beschäftigt, dass er seine Kinder nicht im Blick haben konnte. Juliane konnte spüren, wie sehr sie sich als Kind nach einem liebenden, ihr zugewandten Vater gesehnt hatte. Dieses unerfüllte kindliche Bedürfnis nach Nähe, nach Gesehenwerden und Verstandenwerden hatte sie auf ihren Mann übertragen.

In der Aufstellung sagte Juliane dem Stellvertreter des Vaters, sie habe sich so nach seiner Liebe gesehnt. Nachdem sie seine schwere Geschichte gehört hatte, konnte sie ihm aber auch sagen, er habe sie wohl auf seine Art und Weise geliebt. Auch wenn sie sich seine Liebe anders gewünscht hatte, konnte sie ihm dann für seine Liebe danken und sie annehmen. Ihrem Mann gegenüber brachte sie zum Ausdruck, dass sie da wohl etwas verwechselt habe – er müsse und könne nicht ihr verständnisvoller Vater sein, den sie sich so gewünscht hatte. Es reiche, dass er ihr ein guter Ehemann und den gemeinsamen Kindern ein lieber Vater sei.

Richard, ein attraktiver Mann Anfang 40, war Teilnehmer im selben Aufstellungsseminar. Er wollte endlich eine Partnerschaft auf Dauer und auch Kinder. Er hatte es satt, dass sich Frauen zwar recht schnell in ihn verliebten, sich aber früher oder später auch wieder von ihm trennten, alle im Kern mit der Begründung, er sei nicht zupackend, nehme nichts in die Hand, bekomme Einfaches nicht auf die Reihe. In ihrer Beziehung sei ein Ungleichgewicht entstanden, das sei auf die Dauer ätzend.

Richard wollte so nicht weitermachen, und er schaffte es tatsächlich, aktiv zu werden und sein Problem anzugehen.

Er grub nach seinen Wurzeln. In seiner Aufstellung wurde deutlich, dass er innerlich sehr nah bei seiner Mutter stand. Gegenüber seinem Vater war er voll von Kritik und Vorwürfen. Nachdem er an sich herangelassen hatte, was sein Vater alles mitgemacht hatte, konnte er sein Bild von ihm deutlich zum Positiven hin verändern. Er stellte sich innerlich sozusagen neben ihn und nahm von ihm die männliche Kraft, die ihm bisher gefehlt hatte. Wir freuten uns sehr, als wir nach einigen Jahren seine Heiratsanzeige bekamen – offenbar war es ihm gelungen, endlich seinen Mann zu stehen und eine dauerhafte Beziehung zu einer Frau zu führen.

Jochen hingegen, mit einer ähnlichen Geschichte und Thematik, ist weiterhin Single mit wechselnden Beziehungen. Er hat immer noch den Wunsch nach einer Traumfrau, die ihn erlöst. Im Grunde sehnt er sich in der Beziehung zu einer Frau nach der Liebe seiner Mutter, die er früh verloren hat. Das ist ihm im Kopf klar, und er versteht auch, dass eine Partnerin mit dieser Erwartung überfordert ist. Aber jedes Mal tappt er wieder in diese »Mutterfalle«. Er schafft es nicht, seine kindlichen Bedürfnisse aus der Paarbeziehung herauszuhalten.

Auch **Sonja**, eine Mittfünfzigerin, hat kaum Chancen, einen Mann zu bekommen, denn sie wartet auf einen Traummann. Ein anderer kommt für sie nicht in Frage. Ihre Aufstellung zeigte, sie war Papas Liebling und steht ihm immer noch sehr nahe. Neben ihrem so tollen Vater kann kein anderer Mann bestehen. Deshalb wird sich ihr Wunsch wohl nicht erfüllen, obwohl sie »alles« versucht ...

Martina, Ende 40, glücklich verheiratet, hat regelmäßig Stress mit einer Kollegin. Gleich im ersten Beratungsgespräch fällt es ihr wie Schuppen von den Augen: So wie sie in ihrer Kindheit mit ihrer jüngeren Schwester um die Liebe des Vaters gewetteifert hat, konkurriert sie jetzt mit dieser Kollegin um die Anerkennung des Chefs. Sie ist ungeheuer erleichtert, dass sie jetzt weiß, was los ist, und ist zuversichtlich, dass sich das Verhältnis entspannen wird.

Volker, Vater des 16-jährigen Lars, ist unzufrieden, weil er mit seinem Sohn trotz aller Bemühungen nicht ins Gespräch kommt. Er möchte es doch so gerne »besser« machen als sein eigener Vater, zu dem er ein schlechtes Verhältnis hatte und hat. Als er in einem Seminar dem Stellvertreter seines Vaters gegenübergestellt wird, begreift Volker etwas Wesentliches: In der Tiefe geht es ihm gar nicht um seinen Sohn, sondern um sich selbst. Er möchte unbedingt spüren können, dass er von seinem Sohn geliebt wird, sozusagen als Ersatz für die Liebe, die er seinem Empfinden nach von seinem Vater nicht bekommen hatte. Kein Wunder, dass Lars auf Distanz bleibt: Die kindlichen Bedürfnisse seines Vaters zu erfüllen, das ist schließlich nicht sein Job als Sohn, wie Volker zugeben muss. Lars möchte keinen kindlich-bedürftigen Vater, der etwas von ihm will, sondern einen »erwachsenen« Vater, auf den er im Bedarfsfall zählen kann.

Erwachsenwerden ist schwer. Das sage ich, leicht provozierend, immer mal wieder zu Personen, die diesbezüglich noch auf dem Weg sind. Augenzwinkernd ergänze ich dann noch, auch ich sei noch am Üben; es sei für mich eine lebenslange Aufgabe. Hinter dieser Aussage verbirgt sich ein tiefer Ernst. Immer wieder stoße ich mich an der Welt der Erwachsenen. Immer wieder lande ich unsanft in der Wirklichkeit und kann manches schier nicht fassen. Dann habe ich immer wieder zu kämpfen, gelassen zu bleiben und einen guten Abstand zu halten, um erwachsen damit umzugehen. Denn wer erwachsen zu handeln lernt, lebt leichter. Vieles wird dadurch einfacher.

Uns in der Welt der Erwachsenen sicher zu bewegen, ist wichtig für unser Wohlbefinden. Wie wir das schaffen können, ohne uns immer nur anzupassen und ohne uns von Schwerem allzu sehr einengen zu lassen, das zieht sich wie ein roter Faden durch dieses Buch. Die Medizin dafür, dass wir mit und trotz Schwerem leicht leben können, ist das Erwachsenwerden. Darum geht es letztlich in verschiedenen Variationen in den unterschiedlichen Teilthemen.

Wir hoffen, es ist Ihnen an den zahlreichen Beispielen in diesem Kapitel deutlich geworden, was wir unter Erwachsenwerden verstehen. Zusammengefasst bedeutet es im Wesentlichen zweierlei: Zum einen die Verantwortung für das eigene Leben zu übernehmen, statt anderen, vor allem den Eltern, die Schuld zu geben, wenn es Probleme gibt; und zum anderen bedeutet es, einen stabilen Stand zu gewinnen in der Welt, so wie sie ist, und sich Tag für Tag mit klarem Blick den Herausforderungen zu stellen und das Erforderliche zu tun, statt zu grübeln oder zu träumen.

Erwachsenwerden meint nicht, die positiven Eigenschaften abzulegen, die wir normalerweise mit dem Kindsein verbinden – im Gegenteil. Sich freuen können wie ein Kind, nicht nachtragend sein, spontan, offen, an allem interessiert sein, in der Gegenwart leben, das alles sind Eigenschaften, die zu dem gehören, was Therapeuten als das »freie Kind« bezeichnen. Sie behalten ihren Wert auch im Erwachsenenalter. Sie sind sogar besonders wichtig und hilfreich. Die Lebensfreude und die Fähigkeit zum Glücklichsein können sich erst so richtig entfalten, wenn wir einerseits stabil als Erwachsene im Leben stehen und andererseits »freie Kinder« sind.

Bewusst im Heute leben

Ein beeindruckendes Beispiel für das Leben im Heute ist **Marianne**. Lebensfreude und Gelassenheit sind ihr nicht in den Schoß gefallen. Sie musste durch viel Schweres hindurch. Unter anderem hatte ihr Sohn vor vielen Jahren den Kontakt zu ihr völlig abgebrochen, und das ohne irgendeine Begründung. Lange hatte sie noch auf vielfache Weise versucht, ihn zu erreichen – alles vergebens. Als sie gelernt hatte, ihren Schmerz anzunehmen, verlor er an Kraft – sie konnte damit leben, auch wenn er natürlich nie ganz weg war. Sie hatte keine Erklärung für die Entscheidung ihres Sohnes, doch sie hörte auf, damit zu hadern – so war es nun einmal.

Kurz vor ihrer Rente schrieb sie mir: »Ich fühle mich sehr wohl, bin wirklich gesundheitlich superfit und brauche keine einzige Tablette. Da geht es einem wirklich sehr, sehr gut.« Sie teilte mir dann auch noch einen ihrer Lieblingssprüche mit: »Vergangenheit ist Geschichte, Zukunft ist ein Geheimnis, und jeder Augenblick ist ein Geschenk« (Ina Deter).

Marianne lebt ganz bewusst und intensiv im Heute. Sie ist sehr aktiv für andere da, sorgt aber auch gut für sich selbst und genießt ihr Leben. Und wenn wieder einmal ihr großer Kummer wegen ihres Sohnes in ihr hochsteigen will, winkt sie ihn freundlich »durch« und wendet sich Erfreulicherem zu.

Nicht wieder in die vertrauten Muster des Fühlens, Denkens und Handelns zurückzufallen, das schafft Marianne, indem sie innerlich diszipliniert mit den Erinnerungen an Belastungen aus der Vergangenheit umgeht. Sie schaut konsequent auf das, was gut ist, und ist dankbar dafür. Sie ist überzeugt, dass es wichtig ist, sich Tag für Tag bewusst dem zuzuwenden, was das Leben aktuell bereithält und auch fordert. Diese Haltung hat sie eingeübt. Inzwischen ist sie ihr zu einer guten Gewohnheit geworden.

Ähnlich wie es Marianne mit den belastenden Erfahrungen aus ihrer Vergangenheit macht, geht **Katharina** mit ihren Zukunftsängsten um. Diese hatten sie begleitet und blockiert, solange sie denken konnte. Katharina war gesund und lebte in gesicherten Verhältnissen, es gab keinen vernünftigen Grund, dass sie sich um alles und jedes sorgte.

Der Schlüssel für ihre Angstsymptomatik fand sich gleich in meinem ersten Gespräch mit ihr: Er lag in der Geschichte ihrer Großmutter.

Katharinas Großmutter war aufgrund brutaler Vergewaltigungen während des Krieges traumatisiert und kämpfte in der Folge mit vielen Ängsten. Das schwere Trauma, über das sie erst kurz vor ihrem Tod andeutungsweise sprach, überschattete ihr ganzes weiteres Leben. Schon ihre Tochter, Katharinas Mutter also, hatte unbewusst diese Ängste übernommen und – ebenfalls unbewusst – an Katharina weitergegeben.

Als Katharina sich innerlich ihrer Großmutter und ihrer Mutter liebevoll zuwandte, fühlte sie sich wie befreit. Ihre Ängste hatten sich, so schien es ihr, in Luft aufgelöst. Nach der Euphorie der ersten Zeit merkte sie jedoch, dass sie aufpassen musste: Sie war in der Gefahr, sich sozusagen »gewohnheitsmäßig« wieder Sorgen zu machen. Das passierte ihr vor allem, wenn sie gerade etwas Leerlauf hatte. Zum Glück begriff Katharina sehr schnell, dass es ein wirksames Gegenmittel gab gegen das Abdriften in vertraute Gedanken und Gefühle: Sie richtet sich inzwischen jeden Tag ganz bewusst auf das Heute aus und gestattet sich höchstens einen kurzen sorgenvollen Gedanken an die Zukunft, um sich schnellstens wieder der Gegenwart zuzuwenden. Und damit geht es ihr, wie sie sagt, »richtig gut«.

Wie Marianne und Katharina werden viele Menschen durch schwerwiegende Belastungen in der eigenen Lebensgeschichte oder in der Familiengeschichte daran gehindert, ganz im Heute zu leben. Wenn diese Ursachen aufgedeckt sind, tut es oft einen entscheidenden »Ruck« – der Blick kann sich dann auf die Gegenwart richten, weg von der Vergangenheit und auch weg von Sorgen um die Zukunft. Die neu erworbene Freiheit gilt es dann zu festigen durch eine bewusste Ausrichtung auf das Heute, sonst übernehmen die alten einengenden und belastenden Verhaltensmuster aus der Vergangenheit ganz rasch wieder die Regie.

Wenn Menschen sich schwer tun, ganz im Heute zu leben, kann das auch andere, weniger schwerwiegende Ursachen haben. Möglicherweise ist es schlichtweg eine Familientradition, immer wieder alte Sachen hervorzuholen und lang und breit darüber zu grübeln und auch zu sprechen, was alles gewesen ist und wie es vielleicht anders hätte laufen können und wer was in welcher Situation falsch gemacht hat und … und … und … Oder es war üblich, sich grundsätzlich Sorgen zu machen: ob das schöne Wetter auch anhält oder der Kuchen den Gästen auch schmeckt oder das Auto noch durch den nächsten TÜV kommt. Oder die Mutter warnte ihre Tochter überfürsorglich vor allen möglichen zukünftigen »Gefahren«: »Hast du auch …?«, »Du weißt ja, es kann …«, »Willst du nicht lieber …?« Und als erwachsene Frau macht die Tochter es nun mit ihrer eigenen Tochter genauso, obwohl sie selbst damals die Warnungen ihrer Mutter ziemlich nervig fand.

Mit solchen Traditionen sollten Sie schleunigst brechen. Sich immer wieder mit etwas zu befassen, was vergangen ist oder was in der Zukunft liegt, ohne dass Sie es beeinflussen könnten, verhindert ein intensives Leben »in Echtzeit«. In manchen Fällen erscheint dieses Verhalten wie eine Flucht aus einer real unbefriedigenden Lebenssituation. Dann wäre es aber sinnvoller, sich gedanklich mit dieser Lebenssituation zu befassen, um daran etwas zu verändern, statt sich ohne praktischen Nutzen innerlich in der Vergangenheit oder der Zukunft zu bewegen.

Den Rücken frei zu haben für das Jetzt, das ist geradezu zwingend, wenn uns unser Leben im Heute durch besonders schwere Lasten heftig herausfordert. Ich denke da an lebensbedrohliche Erkrankungen, massive Suchtprobleme, Unfälle mit einschneidenden Beeinträchtigungen oder Pflegesituationen mit nahen Angehörigen. Ich blicke da zudem weit über den Tellerrand und denke an all die Menschen, die in nicht gesicherten Verhältnissen leben: Menschen in Kriegs- und Hungergebieten, Menschen auf der Flucht vor Gewalt und Armut, Menschen, die in einem fremden Land ganz von vorne anfangen müssen. In solchen und vielen anderen Fällen erfordert die Gegenwart von allen Beteiligten viel Energie, die fehlen würde, wenn sie durch Ungelöstes aus der Vergangenheit oder Sorgen bezogen auf die Zukunft gebunden würde. Das sowieso schon schwere Heute, in dem die Betroffenen leben müssen, ob sie es wollen oder nicht, würde dann noch schwerer.

Viele von Schwerem Betroffene berichten, dass sie sich angesichts der Herausforderungen der Gegenwart plötzlich nicht mehr den »Luxus« leisten konnten, trüben Gedanken über Vergangenes oder Zukünftiges nachzuhängen. Sie waren gezwungen, sich ganz auf die Gegenwart zu konzentrieren und damit möglichst gut umzugehen. Das war zunächst hart für sie, doch im Nachhinein konnten sie dem Druck auch Positives abgewinnen. Sie empfanden dies als wichtigen Schritt in ihrer seelischen Entwicklung, als Teil eines Reifungsprozesses.

Ich selbst habe immer wieder die Erfahrung gemacht: Mir um meine Zukunft Sorgen zu machen, das tut mir nicht gut. Vielleicht kennen Sie die Redewendung: »Ich mache mir niemals Gedanken um die Zukunft. Sie kommt noch früh genug.« Oder die biblische Aussage: »Sorget nicht für den morgigen Tag. Es ist genug, dass ein jeder Tag seine eigene Plage hat« (Matthäus 6, 34). Da ist was »dran«. Daher habe ich beschlossen, mir keine Sorgen zu machen, auch wenn ich wegen meiner Erkrankung Grund dazu hätte. Wenn sich dann doch ab zu einmal Sorgen einschleichen, ist das für mich ein Hinweis, dass ich innerlich irgendwie nicht gut sortiert bin. Dann nehme ich mir baldmöglichst Zeit dafür, wieder ins Lot zu kommen. Wie ich das mache, dazu finden Sie Hinweise in Teil 5.

Ich bin krank, aber trotzdem glücklich, denn ich bin im Einklang mit meiner Vergangenheit und mit meiner Gegenwart. Letztlich hatte ich durch das Schwere in meinem Leben ein erfülltes Leben. Alles bekommt seinen Platz, darf dazugehören. Heute kann ich für vieles, was war, dankbar sein. Und der Rest war eben so, wie er war, und gehört auch zu mir. Durch alles bin ich zu dem geworden, der ich heute bin. Wozu all das Schwere gut war, weiß ich nicht. Doch es sollte wohl so sein, wie es war.

Mein Bemühen, möglichst intensiv zu leben, trägt Früchte. Heute kann ich aus Erfahrung folgendem Spruch zustimmen. Er beschreibt genau das, was ich als wichtig und kostbar empfinde: »Leben liegt weder in der Vergangenheit noch in der Zukunft, sondern allein in der Gegenwart« (Kamada Isso).

Wenn wir im unmittelbar Gegebenen und dem jetzt Notwendigen bleiben, bleiben wir im Heute, und das Heute ist die Zeit der Liebe zu uns, zu anderen, zur Welt. Nur im Heute gibt es Erfüllung und Glück.

Teil 4:
Grundlegendes, um innerlich frei zu werden

Immer wieder einmal haben wir Sie auf Teil 4 verwiesen für den Fall, dass unsere Anregungen nicht so richtig greifen wollen und das Schwere in Ihrem Leben trotz Ihrer Bemühungen nicht wirklich leichter wird. Nun sind wir bei dem angekommen, was nach unserer Erfahrung in solchen Fällen weiterhelfen kann.

Sie werden sich vermutlich an einige Beispiele erinnern, in denen wir Ihnen Menschen vorgestellt haben, die sehr von Vergangenem belastet waren: Herbert, der seinen Lebensrucksack entrümpeln muss, um viel Ballast loszuwerden; Anna mit ihren vielen Schuldgefühlen wegen des Unfalls ihres kleinen Bruders; Felix und Helen, die voll von Vorwürfen gegenüber ihren Eltern sind und denen Gesundschrumpfen weiterhelfen würde; oder Brigitte und Katja, die sich aus einer kindlichen Bedürftigkeit heraus schwer tun, ihre Grenzen zu wahren, und sich häufig überfordern.

Erfahrungen aus der eigenen Lebensgeschichte, die nicht wirklich bewältigt wurden, können die Gegenwart belasten und die Zukunft verdunkeln. Häufig stehen sie ihrerseits in einem verborgenen Zusammenhang mit Ereignissen, die in der Eltern- oder Großelterngeneration geschehen sind. Katharina aus dem letzten Kapitel beispielsweise wurde von dem unbewältigten Trauma ihrer Großmutter am Leben im Heute gehindert. Auch bei den Männern und Frauen in unseren anderen Beispielen würde der Blick weiter zurück in die Vergangenheit manches verständlich machen, was in ihrer Lebensgeschichte nicht gut gelaufen ist. Und ich selbst war über Jahrzehnte unbewusst belastet von all dem Schlimmen, was mein Vater und meine Mutter in ihren Lebensrucksäcken trugen, und habe ausgesprochen schwer gelebt.

Zusammenhänge wie diese haben wir in unserer Arbeit tausendfach gesehen und sie in unseren beiden anderen Büchern ausführlich beschrieben: Menschen haben ganz unterschiedlich massive Schwierigkeiten in ihrem gegenwärtigen Leben. Meist wird der Grund dafür zunächst im Verhalten anderer gesucht, beim eigenen Mann oder der eigenen Frau, bei den Eltern oder Geschwistern, zum Teil auch im Berufsalltag. Oft richtet sich der Blick aber auch zurück in die Vergangenheit: Wenn dies oder jenes anders gelaufen wäre, ginge es ihnen, so sind sie überzeugt, heute besser. Vor allem die Eltern geraten dann schnell ins Visier mit all dem, was sie falsch gemacht haben. Lösungen gibt es jedoch ganz häufig erst, wenn noch weiter zurück ins Familiensystem geblickt und das dort wurzelnde Schwere ans Licht gebracht wird. Oft kann die eigene Lebensgeschichte auf diesem Hintergrund neu bewertet werden, und Unversöhntes kann zur Ruhe kommen. Dann kann sich die Aufmerksamkeit uneingeschränkt aufs Heute mit seinen Möglichkeiten und Herausforderungen richten.

Ungelöstes aus der Vergangenheit könnte auch bei Ihnen der Hintergrund sein, sofern Sie schwer leben. Dann könnte es sich lohnen, in der Familiengeschichte zu graben und herauszufinden, was es an Schwerem gab, das möglicherweise auf

Sie wirkt. Wenn Sie dort Licht ins Dunkel gebracht und Ihr inneres Bild von dem, was war, geordnet haben, können Sie sich in einem zweiten Schritt Ihrer eigenen Lebensgeschichte zuwenden – vermutlich werden Sie dann einiges anders sehen als zuvor. Auf dieser Grundlage können Sie dann in einem dritten Schritt Ihre aktuelle Lebenssituation ordnen, um ganz bei sich selbst anzukommen und leichter zu leben.

Die familiären Wurzeln erkunden

Bei einem »Forschungsprojekt Familiengeschichte« geht es darum, herauszufinden, ob aus der Familiengeschichte irgendetwas in unguter Weise auf Sie wirkt. Damit Sie diesbezüglich erfolgreich Ursachenforschung betreiben können, werden wir Ihnen einen Leitfaden an die Hand geben. Viele Familiensysteme sind verworren und verwirrend. Zum einen kann Wesentliches leicht übersehen werden, wenn nicht klar ist, wonach im Einzelnen zu suchen ist. Oder wären Sie auf den Gedanken gekommen, dass zum Beispiel der im Krieg vermisste Verlobte Ihrer Großmutter wichtig ist und zu Ihrem Familiensystem dazugehört?

Zum anderen richtet sich unser Blick normalerweise eher auf das Verhalten von Menschen, als auf die Erfahrungen, die dahinter stehen: »Die Oma mütterlicherseits war eine ganz liebe Frau. Mit dem Opa hat sie viel durchgemacht. Der war fast immer besoffen und hat alles schleifen lassen, alles hing an ihr.« Wir urteilen oft, ohne die Hintergründe eines Verhaltens zu kennen, doch gerade diese sind zentral. Wenn klar wird, dass der Opa im Ersten Weltkrieg die Giftgasangriffe miterlebt hat und die grauenvollen Bilder nur mit Alkohol aushalten konnte, ist diese abwertende Beurteilung so nicht mehr aufrechtzuerhalten. Sein Verhalten erscheint dann in einem ganz anderen Licht. Wichtig ist, dass er Schrecklichstes erlebt hat, das möglicherweise über Generationen weiterwirkt. Bedeutsam also im Sinne von Auswirkungen über Generationen sind Ereignisse und nicht Charaktereigenschaften von Menschen.

Als Erstes gilt es zu klären, wer alles zur Familie gehört. Am besten wäre, Sie skizzieren eine Art Stammbaum, mindestens bis zur Großelterngeneration. Neben denen, die wir meist sowieso im Blick haben, gehören weitere Menschen dazu: tot geborene oder früh verstorbene Kinder; frühere Partner oder Partnerinnen mit oder ohne Ehering; Halbgeschwister; leibliche Väter, die »außen vor« gehalten wurden; verschollene oder vermisste Angehörige sowie Ausgeschlossene und »schwarze Schafe«.

Wegen fehlender Informationen können Sie sich vielleicht, sofern noch am Leben, an ältere Verwandte oder Bekannte Ihrer Eltern wenden. Dabei erfahren Sie möglicherweise auch einiges, worüber in der engeren Familie nicht oder nur hinter der vorgehaltenen Hand gesprochen wurde. Zum Beispiel gibt es Menschen, die durch so ein Nachfragen erst erfahren haben, dass sie noch eine ältere Schwester haben, die bei der Geburt gestorben ist, oder dass ihr älterer Bruder einen anderen leiblichen Vater hat.

In vielen Familien gibt es auch Tabuthemen, die mit Verstrickungen einzelner Familienmitglieder in den Nationalsozialismus zu tun haben: Die Oma, überzeugte Hitler-Anhängerin, hatte ihren ältesten Sohn gedrängt, sich zur Waffen-SS zu melden. Er fiel in Stalingrad. Der Onkel war

Offizier und an der Organisation von Deportationen beteiligt. Oder das Haus, in dem die Familie wohnt, gehörte früher einmal einem jüdischen Arzt.

Auch über schmerzliche »unpolitische« Erfahrungen im Zweiten Weltkrieg und die Leiden der ersten Nachkriegsjahre wurde in ganz vielen Fällen nicht gesprochen, obwohl die Liste der belastenden Ereignisse sehr lang ist. Viele Ehemänner, Söhne, Väter und Brüder sind als Soldaten gefallen. Sie haben den Überlebenden gefehlt. Männer, Frauen und Kinder sind durch Bomben, Hunger und Krankheiten umgekommen oder Opfer von Gewalt und Terror geworden. Soldaten sind mit tiefen Verwundungen an ihrem Körper und ihrer Seele zurückgekehrt. Menschen wurden unter schrecklichsten Umständen aus ihrer Heimat vertrieben. Viele haben Fliegerangriffe erlebt, und manche haben dabei alles verloren.

Wenn Sie zusammengestellt haben, wer alles zu Ihrem Familiensystem gehört, schauen Sie bitte ganz genau auf jede einzelne Person, die in irgendeiner Weise von Schwerem betroffen war. Ganz besonders gehören diejenigen in den Blick, von denen Sie bisher nichts oder sehr wenig wussten. Dasselbe gilt für die, die abgewertet wurden oder Schuld auf sich geladen haben. Sie alle müssen als zugehörig gesehen werden mit dem, was zu ihrem Leben gehört. Wenn zum Beispiel der Lieblingsbruder Ihrer Mutter in Russland vermisst ist, hat dieses Ereignis mehrere Menschen getroffen: zunächst natürlich Ihren Onkel selbst. Zugleich aber hat Ihre Mutter ihren geliebten Bruder verloren und Ihre Großeltern den Sohn. Und sofern dieser Bruder der Mutter verheiratet war und Kinder hatte, fehlte er auch diesen. Sie alle hatten ein schweres Schicksal.

Nach dem Krieg ging es für viele um das nackte Überleben und dann um den Wiederaufbau. Für das Leiden und das Leid der Kriegsjahre war kein Platz. Es wurde verdrängt oder abgespalten. Nachgeborene erfuhren oft nur wenig oder gar nichts von dem, was Eltern oder Großeltern mitgemacht hatten und weiter in ihrem Lebensrucksack trugen. Doch was war, wirkt weiter, besonders wenn es verdrängt oder totgeschwiegen wird, und immer wieder kommt es vor, dass Nachkommen an den Schicksalen oder der Schuld von Vorfahren mittragen.

Sofern Sie noch nie solchen Phänomenen begegnet sind, die im Verborgenen wirken, kommt Ihnen das alles wohl ziemlich merkwürdig vor. Doch solche Zusammenhänge gibt es. Wir haben sie ganz oft in unserer Arbeit wahrgenommen, und sie wurden inzwischen in wissenschaftlichen Untersuchungen bestätigt. Wir haben zum Beispiel gesehen, dass manche Menschen aus diesen Gründen in ihrer Beziehung scheitern oder krank werden; manche erlauben sich nicht so recht, glücklich zu sein, und manche kommen in ihrem Leben beruflich nie so recht auf die Beine. All das kann dann damit zu tun haben, dass sie aus unbewusster Verbundenheit mit einem Familienmitglied mit einem schweren Schicksal nicht wirklich frei sind für ihr eigenes Leben. Dieses Familienmitglied muss respektvoll in den Blick genommen und gewürdigt werden. Dann lösen sich oft die Blockaden im eigenen Leben.

Wir können diese Zusammenhänge hier nur ansatzweise und deshalb vielleicht für Sie nur zum Teil verständlich erläutern. Sofern Sie mehr erfahren wollen, zum Beispiel wenn Sie vermuten, dass Sie irgendwie mittragen an einem Schicksal eines Familienmitglieds, dann können Sie mit unserem Elternbuch an dem Thema weiterarbeiten. Darin erläutern wir im Detail, wie Sie weiterkommen können, zum Beispiel mit Hilfe von Ritualen, die wir dort ausführlich beschreiben.

Das Schwere im Familiensystem kann direkt auf uns wirken, so wie es zum Beispiel bei mir der Fall war. Ohne es zu wissen, war ich von den vielen Toten im Familiensystem belastet. Das Schwere im Familiensystem kann uns aber auch über das Verhalten der Eltern stark beeinflussen, die ihrerseits von dem bestimmt sind, was sie in ihren Lebensrucksäcken mit sich tragen. Wie das im Einzelnen aussieht und wie es in einem solchen Fall gut weitergehen kann, möchten wir Ihnen im nächsten Kapitel mit einer ausführlichen Fallgeschichte veranschaulichen.

Frieden mit der eigenen Geschichte schließen

Die Erfahrungen, die wir mit unseren Eltern in unserer Kindheit machen, bestimmen oft ein Leben lang unser Lebensgefühl und unser Verhalten. Wenn wir sagen können, dass wir eine überwiegend glückliche Kindheit hatten, und wenn wir mit unseren Eltern einverstanden sind, sind wir gut für unser weiteres Leben ausgerüstet. Wenn nicht, gestaltet es sich oft schwierig: Auf das Ungelöste aus der Kindheit setzt sich oft weiteres drauf, das uns unglücklich und unzufrieden macht.

Daher macht es absolut Sinn, zunächst die eigene Kindheit zu durchleuchten. Um wirklich zu verstehen, was da los war, warum unsere Eltern so und nichts anders waren, ist es unerlässlich, in ihre Lebensrucksäcke zu schauen. Dann können sich Knoten in unserem eigenen Leben lösen, so wie bei Maria im folgenden Beispiel:

Maria, eine attraktive Frau Anfang 30, hätte gerne eine feste Partnerschaft gehabt und wünschte sich eigentlich auch Kinder. Zunehmend litt sie unter ihrem Single-Dasein. Phasenweise hatte sie mit Depressionen zu tun. Sie wusste, dass sie Bindungsängste hatte. Diese führte sie auf die schlechte Ehe der Eltern zurück. Sie spürte auch ihre zwiespältigen Gefühle bezüglich eigener Kinder – vielleicht würden die ja genauso unglücklich, wie sie selbst es in ihrer Kindheit gewesen war.

Die Ursachen ihrer gegenwärtigen Probleme sah Maria also in ihrer Kindheit. Sie hatte schon vieles versucht, um weiterzukommen, einiges gelesen zum Thema Töchter-Mütter, hatte sich darin geübt, positiver zu denken, und hatte eine Zeit lang Autogenes Training praktiziert, um ruhiger zu werden und aus dem Grübeln herauszukommen. Aber all das, was die verschiedenen Ratgeber und Übungsprogramme versprachen, hatte ihrem Eindruck nach nicht wirklich »gegriffen«.

Vielleicht haben Sie das ja selbst schon erlebt: Vieles, was es da an Ideen und Ratschlägen gibt, funktioniert nicht in gewünschter Weise. Vieles erscheint zwar auf den Blick praktikabel, die dahinter stehenden Theorien hören sich plausibel an, und doch hilft es nicht grundlegend und dauerhaft dabei, ein angestrebtes Ziel zu erreichen. Nach unseren Erfahrungen ist das auch nicht verwunderlich – der Mensch ist nicht nur Kopf und Willen.

Maria bekam schließlich von einer Freundin den Tipp, sich doch einmal genauer mit der Geschichte ihrer Familie zu beschäftigen; da gebe es doch einiges an Schwerem. Sie entschied sich, es mal zu versuchen, und kam zu uns in ein Seminar. Unsere Befragung ergab Folgendes:

Solange Maria zurückdenken konnte, hatte sie in der Angst gelebt, dass die Eltern sich scheiden lassen würden. Ihr Vater war viel weg gewesen, und die Mutter hatte viel geweint. Irgendwann hatte Maria die vielen »Frauengeschichten« ihres Vaters mitbekommen und von da an ihrem Vater die Schuld daran gegeben, dass es der Mutter so schlecht ging. Ihre Angst, den Vater zu verlieren, und ihre Sorge, was dann aus ihrer so schwach wirkenden Mutter und ihr selbst werden würde, wurden immer größer. Die Rolle einer Vertrauten der Mutter, in die sie hineingewachsen war, beschrieb sie als zunehmende Überforderung und Belastung.

Marias Vater hatte tschechische Wurzeln und war 1968 während des Prager Frühlings als junger Mann allein in den Westen geflüchtet. Was das für ihn bedeutet hatte, in einem fremden Land ganz auf sich selbst gestellt zu sein, ohne Eltern, Geschwister, Verwandte, mit geringen Deutschkenntnissen, das war ihr nicht bewusst. Nach vielen Anläufen hatte er endlich eine feste Arbeitsstelle bekommen, und schließlich hatte er auch eine vermeintlich passende Frau gefunden – Marias Mutter.

Über ihre Mutter wusste Maria, dass diese als jüngstes von sechs Geschwistern kurz vor der Einschulung zu einer kinderlosen Tante und deren Mann weggegeben worden war. Der Vater der Mutter war völlig unerwartet an einer Blutvergiftung gestorben, und die sowieso nicht rosige finanzielle Lage der Familie hatte sich dadurch dramatisch verschlechtert. Das jüngste Kind zu liebevollen Verwandten in gesicherte Verhältnisse zu geben, erschien als gute Lösung zum Wohl und Nutzen aller: daheim eine Esserin weniger, und die Tante und der Onkel hatten endlich ein Kind. Wie elend es Marias Mutter mit dieser »Lösung« ging, kurz nach dem Verlust des geliebten Papas auch noch ihre Mutter und ihre Geschwister zu verlieren, auch das war Maria nicht bewusst.

Als Maria die Wucht der Kindheitserfahrungen ihrer Mutter an sich heranließ, begriff sie, warum ihr ihre Mutter seit jeher belastet und schwach erschienen war, irgendwie bedürftig. Mit ihrem Herzen war sie bei ihrem eigenen Vater, den sie so früh verloren hatte. Ihr Mann, also Marias Vater, hatte keine wirkliche Chance bei ihr. Sie konnte sich ihm nicht voll zuwenden und ihm nicht wirklich Frau sein.

Hinzu kommt seine eigene Geschichte: Auf sich allein gestellt musste Marias Vater hier im Westen bei null anfangen. Er fühlte sich in seiner Ehe und Familie sehr allein. Auf diesem Hintergrund erscheinen seine vielen Außenbeziehungen in einem anderen Licht: Sie sind nicht das eigentliche Problem von Marias Eltern, sondern eher Versuche ihres Vaters, ein für ihn bestehendes Problem zu lösen.

Durch die neuen Einsichten sah Maria die Ehe ihrer Eltern in einem anderen Licht: Ihre Mutter hatte wohl unbewusst gehofft, in ihrer Ehe die Liebe und die emotionale Sicherheit zu finden, die sie nach dem Tod ihres Vater und der Trennung von ihrer Mutter so schmerzlich entbehrte. Marias entwurzelter Vater seinerseits hatte sich Halt und Stabilität von seiner Frau erhofft. Beide konnten sich einander nur unzureichend das geben, was sie jeweils brauchten. Daher suchte Marias Vater Nähe bei anderen Frauen, und Marias Mutter glitt immer weiter in eine Leidensrolle.

Je mehr sich Maria auf die Geschichte ihrer Eltern einließ, desto stärker spürte sie, dass viele Lasten in ihrem Lebensrucksack eigentlich zu ihrer Mutter und einige zu ihrem Vater gehörten. In einem Ritual gab sie ihrer Mutter und ihrem Vater diese Lasten zurück. Sie ließ die Vorwürfe los, die sie gegenüber ihrer Mutter und besonders gegenüber ihrem Vater gehabt hatte – beide hatten es so gemacht, wie es für sie möglich war. Maria stellte sich in einen guten Abstand zu ihren Eltern – nicht zu nah und nicht zu fern.

Am Ende des Seminars empfand Maria eine große Entlastung. Ihren Eltern fühlte sie sich auf eine neue, gute Weise verbunden, und ihre eigene Lebensgeschichte, mit der sie so oft gehadert hatte, konnte sie nun annehmen, einschließlich der Tatsache, dass ihre bisherigen Partnerschaften gescheitert waren. Sie war ganz zuversichtlich, dass es gut weitergehen würde, mit einem lieben Mann, mit Kindern oder auch ohne. Und sie war zuversichtlich, dass sie ihre Depressionen nun endlich für immer überwunden hatte.

Wie in diesem Fallbeispiel aus unserer Arbeit bestimmt die Familiengeschichte unser aller Leben mehr, als uns in der Regel bewusst ist. Das Schwere im System bündelt sich wie bei Maria meist in dem Verhältnis zu unseren Eltern. Wenn sie viel Schweres in ihren Lebensrucksäcken haben, können sie nur sehr begrenzt »gute« Eltern sein. Sich von den Eltern geliebt zu fühlen, ist jedoch für jedes Kind von zentraler Bedeutung.

Wenn Menschen ihrem Gefühl nach in der Kindheit Wesentliches entbehrt haben, bleibt ihnen in ihrem Erwachsenenleben manchmal eine gewisse kindliche Bedürftigkeit. Oft tragen sie unbewusst Konflikte mit anderen Menschen aus, die sie eigentlich mit den Eltern hatten. Ihr Leben als Erwachsene kann dann überschattet sein von Depressionen und Aggressionen, von Minderwertigkeitsgefühlen und ständigem Leistungsdruck, von Problemen auf der Paarebene, im Verhältnis zu den eigenen Kindern oder im Berufsleben. Das Ungelöste aus der Kindheit, das im Verborgenen weiterwirkt, hindert sie oft daran, sich wirklich erwachsen zu fühlen und zu verhalten.

Natürlich hat Schweres in der eigenen Lebensgeschichte nicht immer seine Ursache im Familiensystem. Natürlich kann es unverschuldete Unfälle oder sonstige schlimme Ereignisse im Leben geben, bei denen kein solcher Zusammenhang feststellbar ist. Wenn Sie zum Beispiel Angehörige bei einem Flugzeugabsturz verloren haben, wäre es unsinnig, einen Zusammenhang mit Ihrer Kindheit oder mit der Geschichte Ihrer Familie konstruieren zu wollen, obwohl es bisweilen schon merkwürdige Zufälle gibt.

Nachzuforschen im Familiensystem, empfiehlt sich immer dann, wenn Sie den leisesten Verdacht hegen, dass Schweres in Ihrer eigenen Geschichte von »weiter hinten« kommt. Dann gilt es, Klarheit zu schaffen, so wie wir Ihnen das im vorigen Kapitel und hier am Beispiel von Maria beschrieben haben.

Wie sieht es bei Ihnen persönlich aus? Haben Sie ein geordnetes Bild Ihrer eigenen Lebensgeschichte? Sind Sie in Frieden mit Ihren Eltern? Haben Sie überhaupt schon einmal in die Lebensrucksäcke Ihrer Eltern geschaut? Und weiter zurück in die Familiengeschichte? Sofern nach Ihrem Empfinden diesbezüglich noch »Handlungsbedarf« besteht, empfehlen wir Ihnen, sich ein genaueres Bild von dem zu machen, was möglicherweise auf Sie wirkt und für Lasten in Ihrem Leben letztlich verantwortlich sein könnte. Wenn Sie sich mit offenem Herzen dem aussetzen, was Ihre Eltern zu tragen hatten, werden Sie vermutlich – sofern Sie bisher Vorwürfe hatten – freundlicher auf Ihren Vater und/oder auf Ihre Mutter blicken können.

Gehen Sie dabei wie auf einem Zeitstrahl an Ihrer Lebensgeschichte entlang, angefangen von der Geburt über Ihre Kindheit und Jugend bis zur Gegenwart. Schauen Sie nicht nur auf das Negative, sondern auch auf alles, was Ihrem Empfinden nach gut war, und verankern Sie diese guten Erinnerungen bewusst in Ihrem Herzensgedächtnis. Wenn Sie das ernst nehmen, was Ihre Eltern in ihren Lebensrucksäcken zu tragen hatten, kommen Sie – das wünschen wir Ihnen – vermutlich zu einer Neubewertung dessen, was war, und können Ihren Frieden damit machen.

Gehen Sie dann auch Ihre weitere Lebensgeschichte durch. Machen Sie zunächst eine sachliche Bestandsaufnahme von allem, was wichtig für Sie war, ohne es zu bagatellisieren oder zu dramatisieren. Schauen Sie dabei genau hin. Vielleicht sind Sie noch nicht damit in Frieden, wie eine frühere Partnerschaft zu Ende gegangen ist. Oder es liegen Ihnen die vielen Ungerechtigkeiten, die Sie an Ihrem Arbeitsplatz schlucken mussten, immer noch schwer im Magen. Oder die Wunde, wie Ihre alte Freundin Sie abserviert hat, schmerzt von Zeit zu Zeit noch heftig, auch nach Jahren. Es kann auch sein, dass Schuldgefühle wegen einer Geschichte aus Ihrer Jugend Sie nicht zur Ruhe kommen lassen.

Wahrscheinlich spüren Sie es selbst: Solange Sie hadern, sind Sie nicht frei. Frei von dem alten Ballast werden Sie nur, wenn Sie das Schwere als Teil Ihres Lebens annehmen: »Es war schlimm, aber es war, wie es war, und ich kann es nicht ändern.« Dieser Schritt, die Fakten anzuerkennen, kann eine echte Herausforderung sein: Verdrängen und Abspalten geht dann nicht mehr, auch nicht Schönreden oder Hoffen entgegen aller Vernunft. Schmerz kann und darf in diesem Prozess nochmals heftig aufsteigen – aber dann darf es auch gut sein. Es ist vorbei, und es darf vorbei sein.

Oft läuft diese Entwicklung aber nicht so glatt. Trotz des »Annehmens des Schweren« schmerzt die Erinnerung daran weiterhin, und immer wieder einmal steigt Groll in Ihnen hoch. Dann steht noch ein weiterer Schritt an: das bewusste Loslassen und Weglegen. Erst wenn Sie diesen Schritt vollzogen haben, sind Sie wirklich frei von Altlasten und frei für Neues: »Wer loslässt, hat die Hände frei«.

Das Wesentliche beim Loslassen geschieht innerlich durch Ihre bewusste Entscheidung. Durch symbolische Handlungen können Sie diesen Prozess unterstützen. Zum Beispiel können Sie das, was Sie belastet hat, auf einen Zettel schreiben und diesen zusammen mit einem Stein in einem Päckchen verstauen. Dieses legen Sie dann so ab, dass Sie es nicht täglich sehen, es aber nochmals hervorholen können, wenn Ihnen danach ist. Sie haben die Last damit »weggelegt«. Sie können Ihre Last aber auch in einem Ritual komplett entsorgen, zum Beispiel, indem Sie einen Brief an die Person schreiben, zu der die Last gehört, und ihn dann verbrennen. Oder Sie notieren das, was Sie belastet, auf einem Blatt Papier und vergraben dieses zusammen mit einem Stein an einem für Sie passenden Ort. Oder Sie schreiben das Belastende auf ein Stück Holz und lassen dies in einem Fluss wegschwimmen.

Wenn Sie noch Dinge aufbewahrt haben, die Sie an vergangene schwere Erfahrungen erinnern, beispielsweise Briefe oder Geschenke von einem Partner, der Sie verlassen hat oder von dem Sie Gewalt erfahren haben, dann können Sie mit diesen ähnlich verfahren. Das Wegtun von belasteten und belastenden Gegenständen ist oft eine große Hilfe beim Loslassen von Groll und Hader. Es kann aber auch sein, dass es für Sie keinen Unterschied macht, ob Sie sich von diesen Dingen trennen oder sie behalten, weil Sie schon Frieden damit gemacht haben, wie es war. Spüren Sie nach, was für Sie stimmt. Prüfen Sie dann gegebenenfalls, welche Dinge Sie einpacken und wegstellen wollen, welche Sie zurückgeben und welche Sie wegwerfen wollen.

Den Groll und Hader entsorgen Sie, das Schwere selbst bleibt jedoch Teil Ihres Lebens. Es ist nicht nur negativ: Es hat Sie reifen lassen und gibt Ihnen Gewicht. Es gehört zu Ihnen, und es sollte einen guten Platz in Ihrem Herzen bekommen: »Du gehörst zu mir, und ich hadere nicht mehr mit dir, sondern bin einverstanden damit, dass du Teil meines Lebens bist.« Wenn Sie das so formulieren können, haben Sie Grund, sich selbst zu gratulieren. Damit haben Sie einen großen Schritt hin zu mehr Leichtigkeit getan.

Die aktuelle Lebenssituation entlasten

Hinschauen, anerkennen, loslassen – dieser Dreischritt hat sich nicht nur bewährt, um bezogen auf die Vergangenheit Frieden zu finden. Er ist auch hilfreich, um in der Gegenwart besser zurechtzukommen. Das Ziel könnte sein, von einigen Lasten frei zu werden oder gelassener mit den Herausforderungen des Alltags umzugehen.

Wenn Menschen mit einzelnen Bereichen ihrer aktuellen Lebenssituation unzufrieden sind, empfinden sie oft »alles« als schwierig. Das, was gut ist, wird von ihnen oft gar nicht mehr wahrgenommen oder abgewertet. Besonders wenn es mehrere Problemfelder gibt, ist die Gefahr groß, sich in ihnen wie in einem Spinnennetz zu verfangen und keinen Ausweg zu sehen.

Eine derartige problemorientierte Betrachtungsweise ist ein Stück weit normal. Wir haben schon einiges dazu geschrieben, zum Beispiel über die ungute Gewohnheit, auf das halbleere Glas zu blicken statt auf das halbvolle oder Dinge für selbstverständlich zu halten, für die eigentlich Dankbarkeit angebracht wäre. Diese verbreitete Ausrichtung auf das Negative macht das Leben unnötig schwer. Wer hingegen auch auf das Gute und Schöne schaut, was es daneben ebenfalls oft gibt, hat es wesentlich leichter. Probleme sind dann weniger belastend und machen keinen so großen Druck.

Die Erfahrung zeigt außerdem: Wenn vorrangig Probleme im Fokus stehen, führt das meistens dazu, dass sie wachsen und wachsen und oft noch weitere Probleme dazukommen. Daher ist es ausgesprochen wichtig, nicht in erster Linie oder sogar ausschließlich auf das zu schauen, was in der aktuellen Situation Ärger oder Kummer verursacht, sondern darüber hinaus alles in den Blick zu nehmen, was dazugehört.

So machen es auch die systemischen Therapeuten. Was Kummer macht und Anlass ist, Hilfe zu suchen, wird natürlich erfragt, aber so knapp wie eben möglich, damit kein Sog ins Negative entsteht. Die Not wird ernstgenommen, doch der Blick wird nach möglichst kurzer Zeit, zum Beispiel am Ende der ersten Sitzung, auf das gelenkt, was daneben alles gut ist, was Grund gibt, dankbar zu sein, was trotz aller Widrigkeiten gut bewältigt wurde. Außerdem wird manches neu bewertet. Zum Beispiel wird das störrische und aufmüpfige Verhalten der bisher sehr vernünftigen 17jährigen Tochter als wichtiger Schritt der Ablösung von der Mutter verständlich gemacht – sie war eigentlich viel zu lange brav und pflegeleicht. Oder das junge Paar lernt zu sehen, dass Auseinandersetzungen zum Ehealltag dazugehören und sie dabei sind, Wichtiges zu lernen – ständige Harmonie wäre das beste Mittel, ihre Beziehung in Langeweile vor sich hindümpeln zu lassen und ihre Liebe zum Absterben zu bringen. Auch beim Umgang mit gesundheitlichen Beeinträchtigungen wird auf das geblickt, was »trotz allem« noch geht.

In vielen Fällen sieht die Welt nach diesem sogenannten »Reframen«, bei dem das Problem neu gerahmt und anders beleuchtet wird, schlagartig viel freundlicher aus, und die aktuellen Schwierigkeiten erscheinen weniger bedrohlich. Es ist, wie es ist; und so wie es ist, ist es auch nicht nur schlecht – oft bietet es sogar Entwicklungschancen.

Sofern andere für die Schwierigkeiten verantwortlich gemacht werden, ist es nach einer solchen neuen Rahmung meistens möglich, etwas freundlicher auf diese Personen zu schauen: auf den eigenen Mann oder die eigene Frau, wenn es in der Ehe kriselt; auf die Schwiegermutter, die ihren Sohn nicht loslässt; auf eine ältere Schwester, die von Kindheit an viel Verantwortung getragen hat und wie früher weiterhin alles bestimmen will; oder auf den leiblichen Vater der Kinder, der sich so wenig um sie kümmert.

Endgültig lösen sich die Knoten oft dann, wenn bezogen auf die »Schuldigen« das gemacht wird, was wir Ihnen in den beiden vorigen Kapiteln im Hinblick auf Ihre Eltern und Ihre eigene Lebensgeschichte erläutert haben: allen, die dazugehören, ihren Platz im Familiensystem geben; in die Lebensrucksäcke der an den Problemen »schuldigen« Personen schauen, soweit das möglich ist; die eigenen Anteile bei Konflikten sehen und Verantwortung dafür übernehmen; rausgehen aus der Opferrolle; Lasten bei denen lassen beziehungsweise an die zurückgeben, zu denen sie gehören; und – besonders wichtig – auf das Urteilen soweit irgend möglich verzichten und Vorwürfe weglegen. Nachdem der Dreischritt Hinschauen – Annehmen – Loslassen vollzogen ist, fühlt sich die Gegenwart in der Regel leichter an.

Dort hinzukommen ist bisweilen alles andere als leicht. Es kann manchmal sogar eine große Herausforderung sein, wenn zum Beispiel die Ehe zu scheitern droht. Dann kostet schon der erste Schritt Überwindung: überhaupt einmal genau hinzuschauen, was eigentlich los ist. Sich dann gegebenenfalls der Erkenntnis zu stellen, dass sich die Trennung wohl nicht vermeiden lässt, kann sehr schwer sein. Und den anderen wirklich loszulassen, ist meist ein mühsamer und schmerzlicher innerer Vorgang, der Zeit braucht, Ausdauer und Geduld. Doch eine belastende, einengende Lebenssituation weiter hinzunehmen, sie auf Dauer auszuhalten und darunter zu leiden, ist ebenfalls schwer und noch dazu ohne wirkliche Perspektive.

In einer emotional sehr belastenden und/oder sehr unklaren Lebenssituation empfiehlt es sich in der Regel, professionelle Unterstützung in Anspruch zu nehmen. Der geschulte Blick von außen auf das ganze System führt oft rasch zu einer guten Lösung – die an einem Familiendrama Beteiligten sind selbst zu »nah dran«, um zu sehen, was helfen könnte. Oft fehlt auch das Wissen um die Dynamiken, die im Hintergrund wirken. Ein Beispiel:

Der 14-jährige **Timm** war unausstehlich gegenüber dem neuen Partner der Mutter, obwohl dieser sich geduldig und freundlich um den Jungen bemühte. Die Schwierigkeiten, die Timm machte, drohten die neue Beziehung zu sprengen. Schnell wurde der Hintergrund von Timms Verhalten klar: Timms Vater wurde von seiner Mutter abgewertet. Sie war nur kurz mit ihm zusammen. Der Umgang mit ihm tat ihrer Meinung nach dem Jungen nicht gut, weshalb sie dafür sorgte, dass Treffen mit dem Vater nicht stattfanden.

Auf die Abwertung seines Vaters durch die Mutter und ihre Versuche, ihn außen vor zu halten, reagierte Timm unbewusst mit aggressivem Verhalten gegen den neuen Partner. Tief innen lehnte er es ab, dass sein leiblicher Vater abgewertet und aus dem Familiensystem ausgeklammert wurde. Durch sein auffälliges Verhalten demonstrierte Timm, dass etwas nicht stimmte. Als seine Mutter und ihr neuer Partner diesen Zusammenhang begriffen und ihre

Einstellung und ihr Verhalten gegenüber Timms leiblichem Vater änderten, entspannte sich Timms Verhältnis zu dem neuen Partner seiner Mutter.

Sofern Sie bezogen auf Ihre aktuelle Lebenssituation Klärungs- oder Veränderungsbedarf haben, können Sie unserer Beschreibung der professionellen Vorgehensweise modellhaft entnehmen, wie Sie auch ohne therapeutische Unterstützung in vielen Fällen weiterkommen können. Wäre es Ihrem Gefühl nach an der Zeit, dieses oder jenes zu klären und zu verändern, möchten wir Sie ermutigen, nicht länger zu warten, sondern die nötigen Schritte zu tun: Hinschauen – Anerkennen – Loslassen.

Machen Sie zunächst eine Bestandsaufnahme, am besten schriftlich. Geben Sie sich, ohne zu dramatisieren, ehrlich Rechenschaft über Ihre aktuelle Lebenssituation. Fassen Sie sich dabei möglichst kurz und konzentrieren Sie sich auf die wesentlichen Punkte. Vergessen Sie nicht, was neben dem Belastenden alles zufriedenstellend oder sogar gut ist. Versuchen Sie, beim Beschreiben des Negativen sachlich zu bleiben und das Urteilen so weit wie irgend möglich zu unterlassen. Schauen Sie sozusagen aus der Distanz wie ein Adler mit scharfem Blick von weit oben.

Wenn Sie auf diese Weise von außen auf Ihre Situation schauen, haben Sie einen besseren Überblick und können die Details in ihrem Zusammenhang sehen. Dadurch erscheinen sie oft in einem neuen Licht. Wichtig ist, dass Sie diese neue Sichtweise nicht abblocken, sondern sie als Grundlage für eine Neubewertung nehmen. Sie müssen also gewissermaßen selbst die Rolle eines systemisch arbeitenden Beraters oder Therapeuten übernehmen. Das ist nicht leicht. Doch wir haben Ihnen dieses Reframen ja schon vorgestellt in Bezug auf die Geschichte Ihrer Familie, auf Ihre Kindheit und auf Ihre weitere Lebensgeschichte. Jetzt geht es »nur noch« darum, dass Sie es auf Ihre aktuelle Lebenssituation anwenden.

Wenn Sie zum Beispiel auf der Paarebene Probleme haben, kann das damit zusammenhängen, dass Sie bezogen auf Ihren Vater und/oder Ihre Mutter den Rücken noch nicht frei haben. Es kann auch sein, dass eine frühere Beziehung noch nicht gut gelöst ist – Sie wissen, was dann zu tun ist. Es kann aber auch sein, dass sich in Ihrer gemeinsamen Geschichte ein Haufen »Verletzungsmüll« angesammelt hat. Wenn es gut weitergehen soll, sollten Sie den schleunigst entsorgen: nochmals hinschauen auf das, was wehtut; eigene Anteile anerkennen an dem, was passiert ist; den Lebensrucksack Ihres Partners beziehungsweise Ihrer Partnerin achten; auf das schauen, was gut ist – und Ihren Groll entschlossen ein für alle Mal loslassen. Dann haben Sie das Ihre getan, damit es leichter wird.

Natürlich wäre es wünschenswert, dass Ihre Partnerin beziehungsweise Ihr Partner ebenfalls darangeht, das Eigene in den Blick zu nehmen. Doch das haben Sie nicht in der Hand. Aufeinander zu schauen bringt Sie letztlich nicht weiter. Vertrauen Sie darauf, dass sich Ihre veränderte Haltung positiv auswirken wird. Sie selbst werden sich auf jeden Fall besser fühlen, wenn Sie sich auf den Weg gemacht haben.

Teil 5:
Wenn uns sehr Schweres herausfordert

Durch das Schwere in meinem eigenen Leben habe ich viel Verständnis und Mitgefühl für Menschen, die Schweres zu tragen haben. Aus eigener Erfahrung weiß ich, wie es sich anfühlt, wenn etwas besonders Schweres hereinbricht und das Leben sich dadurch grundlegend verändert. Was mir in dieser Situation bei der Begegnung mit anderen Menschen guttut? Wenn sie geduldig zuhören können und wenn sie eine gewisse Gelassenheit, Angstfreiheit und innere Stabilität haben, sodass sie nicht hilflos sind im Blick auf mein Schweres.

Meinerseits bemühe ich mich, die Kontakte so leicht wie irgend möglich zu gestalten. Dazu gehört, dass ich darauf achte, möglichst gut »sortiert« zu sein. Darüber hinaus gehe ich ganz offen mit meiner Situation um. Wenn über alles geredet werden kann, ist das entlastend für mein Gegenüber. Oft wird das sogar als befreiend erlebt, wie mir mehrfach berichtet wurde. Was sich bei mir bewährt hat, gebe ich an Sie weiter, nicht als zu befolgende Rat-«Schläge» von jemandem, der weiß, wie »es« geht, sondern als Anregungen zum Nach-Denken und eventuell Ausprobieren.

Sehr Schweres gibt es in vielerlei Ausprägungen, und was als sehr schwer empfunden wird, ist nicht für alle Menschen gleich. Wenn zum Beispiel erwachsene Kinder komplett den

Kontakt mit ihren Eltern abbrechen oder wenn sich der sehnliche Wunsch eines Paares nach einem eigenen Kind nicht erfüllt, ist das in vielen Fällen sehr schwer. Ebenfalls schwer ist es, wenn ein geliebter Mensch tödlich verunglückt oder sich das Leben nimmt oder Eltern ein Kind begraben müssen, so wie ich es selbst erlebt habe. Und zu dem sehr Schweren gehören aus unserer Sicht vor allem lebensbedrohliche und unheilbare Krankheiten, sowie alle dauerhaften massiven Beeinträchtigungen der körperlichen oder seelischen Gesundheit, von denen wir selbst oder uns nahestehende Menschen betroffen sind.

In welcher Form auch immer uns das sehr Schwere trifft: Unser Leben wird dadurch völlig verändert. Vieles, was bisher möglich war, geht dann nicht mehr. Die neue Situation kann eine völlig neue Lebensplanung erzwingen. Dann gilt es, innerlich trotz allem Kurs zu halten, um jeden Tag möglichst gut zu bestehen.

Leben – mit sehr Schwerem

Wenn tragische Ereignisse uns den Boden unter den Füßen wegziehen, drängt sich meistens zu dem Schmerz und der Trauer auch die Frage nach dem Warum auf. Warum musste dieser geliebte Mensch so früh, so plötzlich, so schlimm sterben? Warum trifft gerade mich so ein bitterer Verlust? Warum bin ich so schwer erkrankt, habe Krebs oder Multiple Sklerose bekommen, bin erblindet oder sitze im Rollstuhl? Warum habe gerade ich ein schwer behindertes Kind geboren? Warum ist meine Tochter in die Drogenszene abgerutscht? In vielen Fällen gibt es darauf letztlich keine Antwort. Und wenn es sie gäbe – würde dadurch der Schmerz geringer? Wäre das Schwere dann leichter?

Immer dann, wenn wir existenziell betroffen sind, helfen uns rationale Antworten nur begrenzt. In manchen Fällen mögen sie ein Stück weit von Selbstzweifeln oder Schuldgefühlen entlasten: Ich habe mir nichts vorzuwerfen, ich habe alles getan, was ich konnte. In manchen Fällen führt die Warum-Frage zu tatsächlich oder vermeintlich »Schuldigen«, die einen folgenreichen Fehler begangen haben, zum Beispiel im Straßenverkehr oder bei der medizinischen Behandlung. Doch das Benennen von Schuldigen schafft erfahrungsgemäß nur begrenzt Erleichterung. Und warum es so und nicht anders gekommen oder ausgegangen ist, bleibt trotzdem offen.

Warum es gerade mich trifft und andere nicht, darauf gibt es auch bei schlimmen medizinischen Diagnosen oder bei chronischen Schmerzen keine wirkliche Antwort. Doch es kann wichtig sein, nach möglichen Hintergründen oder sogar nach konkreten Ursachen für schwere Erkrankungen und Beeinträchtigungen zu forschen. Sonst könnte es sein, dass nur Symptome behandelt werden. Wenn ich weiß, was mir sehr geschadet hat, kann ich darangehen, mein Leben so zu verändern, dass der Körper und/oder die Seele eher eine Chance haben, Selbstheilungskräfte zu mobilisieren, um wieder gesund zu werden.

Dabei ist ein ganzheitlicher Ansatz wichtig. Lebensgeschichtliche Belastungen, die noch auf der Seele liegen, oder heftiger aktueller Stress können zu körperlichen Erkrankungen führen, doch auch anderes kann eine wichtige Rolle spielen, zum

Beispiel Einflüsse aus der Umwelt. Wir denken hier unter anderem an die fatalen Auswirkungen von Umweltgiften wie Pyrethroiden und glyphosathaltigen Herbiziden. Auch Elemente der eigenen Lebensführung können krank machen, nicht nur das Rauchen. Bei der Ursachenforschung gilt es, alle Bereiche in den Blick zu nehmen, also sich nicht vorschnell auf eine Blickrichtung festzulegen und anderes von vornherein als völlig abwegig außer Betracht zu lassen.

Wenn Sie das eine oder andere gefunden haben, was möglicherweise mitverantwortlich ist für das Schlimme, das Sie aushalten müssen: Ändern Sie es, sofern und soweit Ihnen das möglich ist, und wenden Sie sich dann entschieden den Herausforderungen zu, vor denen Sie Tag für Tag stehen. Lassen Sie es nicht zu, dass die Suche nach den Ursachen ein Selbstläufer wird, der zu endlosem Grübeln führt. Immer wieder neue Internet-Recherche raubt Zeit und Energie und hindert Sie daran, in der Gegenwart zu leben.

»Es gilt, innerlich trotz allem Kurs zu halten, um jeden Tag möglichst gut zu bestehen« – so haben wir am Ende der Einleitung zu diesem Hauptteil geschrieben. Wie das gehen kann? Worauf es dabei ankommt? Was dazu hilfreich ist? Nach unserer Erfahrung können Sie dazu all das verwenden, was wir Ihnen bisher beschrieben haben. Es ist im Prinzip auch unter erschwerten Bedingungen brauchbar. Je vertrauter Ihnen dieses mentale Handwerkszeug ist oder wird, desto eher wird es Ihnen gelingen, das Bestmögliche aus Ihrer Situation zu machen.

Eines ist mir besonders wichtig: Ich möchte mir innerhalb meiner krankheitsbedingten Grenzen so viel Lebensqualität erhalten wie irgend möglich, und das nicht nur am heutigen Tag, sondern auch für morgen und übermorgen. Das geht nicht, wenn ich mich hängen lasse. Dazu muss ich aktiv etwas beitragen, indem ich mit meinem Körper, meiner Seele und meinem Geist achtsam umgehe und ihnen soweit möglich gebe, was sie brauchen. Ich versuche auch alles zu vermeiden, was mir erfahrungsgemäß nicht guttut, mich zum Beispiel nochmals mit vergangenen Schwierigkeiten und Ärgernissen zu befassen oder mir einen Kopf zu machen über das, was noch auf mich zukommt.

Im Heute zu leben ist Arbeit. Diese lohnt sich, denn ich fühle mich dann leichter. Daher lebe ich ganz bewusst und möglichst intensiv im Heute. Mein Tag ist klar durchstrukturiert. Das, was mir Freude macht, bekommt darin genauso seinen Platz wie das, was sein muss. Tag für Tag setze ich mir überschaubare Ziele. Statt nur um mich und meine Situation zu kreisen, interessiere ich mich für das, was um mich herum geschieht. Ich pflege soziale Kontakte, nehme am Leben der Menschen um mich herum Anteil und bin für sie da, soweit mir das möglich ist. »Das Leben geht weiter!« Trotz meiner Erkrankung versuche ich, so weit als möglich ein normales Leben zu leben und es zu gestalten.

Die Herausforderungen des Alltags zu meistern, das fordert meine Frau und mich in unserer Situation täglich, sodass relativ wenig größere Vorhaben daneben noch Platz haben. Das ist auch ein Vorteil: Wir können uns auf das konzentrieren, was uns wirklich wichtig ist, und brauchen uns mit vielem nicht mehr zu beschäftigen, was andere »um die Ohren haben«. Das Leben wird einfacher, zentrierter, intensiver.

Wenn Menschen eine sehr schlechte medizinische Prognose bekommen, gehen sie ganz unterschiedlich mit so einer schweren Situation um, abhängig vom Alter, von der jeweiligen Lebensphase und davon, wie sie bisher mit großen Schwierigkeiten umgegangen sind. Unserer Überzeugung nach ist es für sie hilfreich, wenn sie anerkennen: Sie sind in dieser Lage; sie sind schwer krank und wissen nicht genau, was wann auf sie zukommt und wie viel Lebenszeit ihnen noch bleibt.

Tatenlos abwarten, was kommt, sollen sie natürlich nicht. Wenn sie, ohne in Aktionismus zu verfallen, aktiv werden, um zu tun, was ihre Prognose verbessert, dann kommt beides zusammen: die schmerzliche Einsicht »Ich habe es letztlich nicht in der Hand, wie es mit mir weitergeht«, und das gute Gefühl »Ich tue, was ich kann«. Vielleicht gibt es noch eine Chance, vielleicht geschieht ein Wunder. Schlechte Prognosen sind eine Herausforderung, und nicht immer, aber relativ häufig setzen sie viele Kräfte frei.

Auch bei sehr Schwerem, das uns trifft und mit dem wir leben müssen, geht es im Grunde um den Ihnen schon bekannten Dreischritt: genau hinschauen, was Sache ist; weder dramatisieren, noch bagatellisieren, noch verdrängen, sondern die Fakten ernst nehmen; den Schmerz und Hader darüber loslassen und sich dem gegenwärtigen Leben mit seinen Herausforderungen und verbleibenden Möglichkeiten zuwenden.

Dass das schwer ist, oft sehr schwer, weiß ich aus eigener Erfahrung und aus Begegnungen mit Menschen, die in anderer Weise sehr Schweres zu tragen haben, zum Beispiel mit chronischen Schmerzen leben müssen. Ich weiß auch, dass dies an manchen Tagen besser gelingt als an anderen. Um jeden Tag gut zu bestehen, brauche ich täglich eine Kraftquelle. Dazu dient mir spirituelles Arbeiten, wie ich es in den beiden folgenden Kapiteln beschreibe. Es hat sich bei mir im Lauf meines Lebens so entwickelt und ist in dieser Form für mich stimmig.

Vielleicht ist Ihnen spirituelles Arbeiten bisher fremd geblieben, oder Sie lehnen es ab, weil Sie es mit Esoterik verbinden. Dann »müssen« Sie die beiden folgenden Kapitel natürlich nicht lesen – lassen Sie einfach das auf sich wirken, was wir bisher vorgestellt haben, und nehmen Sie daraus das, was für Sie »passt«. Andererseits: Vielleicht finden Sie doch in den folgenden Kapiteln einiges, was Sie anspricht und Ihnen einen Zugang zu einem bisher nicht erschlossenen Bereich eröffnet.

Die spirituelle Dimension

Zwischen Himmel und Erde gibt es vieles, was ich nicht verstehe. Manches erscheint völlig sinnlos oder gar widersinnig. Daneben gibt es überraschende »Zufälle«. Vermutlich kennen Sie das auch. Oft wird dann die Formulierung verwendet: »Das kann doch kein Zufall sein ...«

Für mich bin ich zu der Überzeugung gelangt, dass es in unserer Welt eine geistige, eine spirituelle Dimension gibt. Das hat nichts mit Esoterik zu tun. Im Verborgenen wirken geistige Kräfte, durch die unser Leben zum Teil mehr, zum Teil weniger stark geprägt wird. Diese anzuerkennen und damit auch bewusst umzugehen, kann unser Leben erleichtern, besonders wenn wir sehr Schweres zu tragen haben.

Viele Menschen, die als Christen, als Juden oder als Muslime an einen persönlichen Gott glauben, verstehen solche Kräfte als Ausdruck seines göttlichen Wirkens. Auch Menschen ohne das Bild eines persönlichen Gottes können von der Existenz solcher Kräfte überzeugt sein. Sie deuten sie als Teil einer nicht fassbaren, nicht erklärbaren geistigen Welt. Gemeinsam ist allen: Sie erkennen an, dass es etwas gibt, das dem Verstand nicht zugänglich ist, das nicht den Gesetzen der Logik folgt und das dennoch gewichtig ist in ihrem Leben.

Eine Freundin von mir lebt immer wieder auf der griechischen Vulkan-Insel Santorin. Sie hat viel Gespür für Spirituelles. Nachdem ich sehr offen mit ihr über meine schlechte medizinische Prognose gesprochen hatte, schilderte sie mir in einer Mail, was sie empfand:

»Dir ganz lieben Dank gesandt für deinen Anruf und für unser Gespräch! Das, was ist, in seiner ganzen Wahrheit betrachtet, macht irgendwie die Seele immer auch frei, so absurd das klingt in deiner gegenwärtigen Situation ... Eine Freiheit, die ganz tief in der Mitte des Menschseins Stille und Ruhe erzeugt. Das fühle ich nach unserem Gespräch. In solchen persönlichen (wenn auch raren) Momenten erscheint mir dann immer das Bild der seidenglatten, duftenden und weiten, mit Meerwasser gefüllten Caldera von Santorin, kurz nach Sonnenaufgang. Alles Innen und Außen wird eins, taucht ein in eine Art himmlischen Frieden, der mit Allem einfach nur einverstanden ist. Was ist, Himmel und Erde, Erde und Himmel, berühren sich – und in deren Mitte befindet sich der Mensch!«

Wenn ich mich ganz bewusst öffne für die Schönheit der Natur und diese mit allen Sinnen in mich aufnehme, körperlich und seelisch und geistig, dann bin ich in Verbindung mit der spirituellen Dimension. Das gleiche gilt, wenn ich meine Liebesfähigkeit ausrichte und öffne für die Menschen, denen ich begegne, und wenn ich sie nicht nur mit den Augen und Ohren, sondern mit dem Herzen wahrnehme und ihnen mit dem Herzen begegne. Wenn ich lerne, mich anzunehmen, auch wenn ich schwach und verletzlich bin und meinen Erwartungen an mich selbst nicht gerecht werde. Wenn ich das Leben liebe, trotz aller Einschränkungen und Gefahren. Wenn ich Trauer zulasse und wieder loslasse, und wenn ich auf das Positive schaue und Dankbarkeit übe, auch in finsteren Zeiten. Wann immer ich mich dieser Dimension öffne, fördert das mein spirituelles Wachstum. Dann kann ich mit allem gelassener umgehen.

Spirituell leben heißt auch, sich der Sinnfrage zu stellen. Kann ich in meiner Situation einen Sinn erkennen? Wer sich als Teil eines großen Ganzen sieht und fühlt, wird möglicherweise zu der inneren Haltung kommen, dass alles wohl schon irgendeinen Sinn haben wird, auch wenn er verborgen bleibt. Damit ist die Sinnfrage nicht beantwortet, aber sie kann dann getrost beiseitegelegt werden: Es ist, wie es ist, und es muss wohl so sein, wie es ist. Das ist mein Schicksal. Sich dem Schicksal zu widersetzen würde wenig Sinn machen. Es ist mächtiger als ich, ich kann es nicht zwingen. Dagegen anzukämpfen wäre sinnlos. Was ich tun kann, ist, mich meiner Situation zu stellen und das Bestmögliche aus ihr zu machen.

Die dazu nötigen Kräfte können nach unserer Erfahrung freigesetzt werden, wenn das eigene Schicksal ganz bewusst angenommen wird. Sich ganz von innen heraus vor dem eigenen Schicksal zu verneigen, hat sich als Ritual in unserer Arbeit bewährt. Dadurch wird ausgedrückt: Letztlich habe ich es nicht in der Hand, wie es weitergeht. Es gibt Kräfte, die größer sind als ich. Ich erkenne sie an, und ich mache meinen Frieden mit ihnen. Ich lasse das Fragen und das Hadern. Ich lasse auch mein Leben los, wenn der Zeitpunkt gekommen ist.

Dieser spirituelle Vollzug des Zulassens und Loslassens, der in letzter Konsequenz die Zustimmung zum eigenen Tod bedeutet, bewirkt innere Ruhe und Gelassenheit. Dieser Akt der Demut macht im Tiefsten frei. Seelische Verkrampfungen und Ängste lösen sich, positive Entwicklungen werden angestoßen. Ich kann es dann als meine Aufgabe annehmen, an meiner Situation innerlich zu wachsen.

Eine besondere Weise, die spirituelle Dimension in das eigene Leben einzubeziehen, ist die Meditation. Entsprechende Traditionen gibt es in fast allen Religionen und Naturreligionen. Viele Jahre lang habe ich mich mit christlichen Mystikern befasst und verschiedene Formen christlicher Meditation praktiziert. Auch buddhistische Meditationsformen sind mir vertraut. Nach einer langen Suche meditiere ich inzwischen, wie heutzutage viele Menschen, ganz ohne religiösen Hintergrund und fühle mich mit allen verbunden die, egal von welcher Richtung kommend, sich mit der geistigen Welt befassen und sich ihr öffnen. Dazu brauche ich keine Praxis des Meditierens nach bestimmten Vorbildern. Achtsamkeit und Mitgefühl kann ich auch ohne diesen Hintergrund üben. Wie ich durch Hineinspüren in mich selbst und durch Meditation immer wieder in meine Mitte finde, das beschreibe ich im nächsten Kapitel.

Menschen, die ihre Spiritualität durch regelmäßiges Meditieren pflegen, fühlen sich dadurch sehr bereichert, und nehmen sich deshalb auch gerne die dafür nötige Zeit. Ihrem Empfinden nach finden sie dadurch zur Ruhe, kommen mehr in die eigene Mitte, leben leichter. Das erlebe ich selbst auch so. Andere Menschen sind eher skeptisch oder ablehnend gegenüber allem, was nicht rational erfassbar ist. Oder sie finden trotz mehrfacher Anläufe keinen inneren Zugang zu einer spirituellen Praxis. Vielleicht gehören Sie zu denen, die noch auf der Suche sind, und entdecken im nächsten Kapitel einiges, was Sie zum Ausprobieren ermutigt.

Dass wir dem Thema Meditation am Ende unseres Buches einen eigenen Platz einräumen, bedeutet aber nicht, dass unserer Meinung nach jeder Mensch unbedingt meditieren muss – es geht auch ohne. Ich selbst meditiere, meine Frau nicht, und das ist so in Ordnung. Das folgende Kapitel ist nur eine Ergänzung. Was wir Ihnen bisher schon erläutert haben, ist nach unserer Überzeugung das Zentrale.

In die innere Mitte kommen

Normalerweise bin ich ausgeglichen, zufrieden, in meiner Mitte. Als Rentner bin ich in einer privilegierten Lage. Ich kann mir ohne Mühe jeden Morgen Zeit für mich nehmen. Täglich öffne ich mich ganz bewusst der Welt, wie sie ist, erlebe mich als Teil dieser Welt und komme mit ihr in Einklang. Gut sortiert gehe ich daraufhin in der Regel in den Tag.

Es kommt aber auch vor, dass mich irgendetwas im Lauf des Tages aus der Ruhe bringt, mich nervt. Manches kann ich rasch wieder weglegen. Wenn ich merke, dass das nicht so ohne weiteres geht, nehme ich mir möglichst bald ein wenig Zeit für mich, ziehe mich an einen ruhigen Ort zurück und atme ein paarmal tief durch. Das entlastet mich, das schafft ein Stück weit Distanz. Dann bin ich wieder mehr bei mir, und das ist kurzfristig schon mal ganz hilfreich.

Manches belastet mich auch länger, bohrt irgendwie im Untergrund weiter, ohne dass mir dies zunächst bewusst ist. Wenn ich dann nach einigen Stunden oder am folgenden Tag spüre, dass irgendetwas in mir nicht im Lot ist, dass irgendetwas mich unruhig oder unzufrieden macht, dann spüre ich dem in der Regel sobald als möglich nach. Das geht bei vielerlei Gelegenheiten, zum Beispiel beim Zähneputzen und beim Spülen. In Gedanken gehe ich durch, was in den vergangenen Stunden oder am Tag davor war, fühle nach, ob ich etwas finde, was mir irgendwie aufstößt oder mich in Unruhe versetzt. Was könnte meine innere Balance stören? Was genau hat mich genervt und verfolgt mich noch innerlich?

Mit etwas Geduld komme ich oft dahinter. Wenn mir klar ist, was mich da aus meiner Mitte versetzt hat, kann ich es in der Regel von außen, aus der Distanz heraus, betrachten. Das Abstandnehmen und das Loslassen ist oft nur noch ein kleiner Schritt. Ist ja nicht so wichtig! Menschen sind nun mal sehr verschieden. Oft ist es dann leicht, alles bei der Person zu lassen, die das Ganze ausgelöst hat. Das, was geschah, ist dann »gegessen«. Anderes ist dran und viel wichtiger. Vielleicht ist es noch hilfreich, beim nächsten Mal aufzupassen – falls sich etwas Ähnliches wiederholt – und mich dann sofort abzugrenzen.

Meistens genügt es, den Ball flach zu halten. Manchmal kann ich mich aber nicht ganz lösen von dem, was war. Dann frage ich mich: Was brauche ich noch, um meinen Ärger oder meine Unzufriedenheit weglegen zu können? Habe ich konkret etwas zu tun, zum Beispiel jemanden auf den Vorfall anzusprechen? Nur in sehr seltenen Ausnahmefällen habe ich das Empfinden, ich müsse der betreffenden Person noch mitteilen, was mich geärgert oder verletzt hat, um es dann weglegen zu können. Da ich mich selbst gut kenne und gut spüre, brauche ich zur Klärung einer solchen Irritation oft nur wenige Minuten.

Falls ich nicht fündig werde oder das Loslassen nicht so einfach gelingt, muss ich mir mehr Zeit nehmen, um mich zu entlasten. In so einem Fall meditiere ich auf eine Art und Weise, die einfach zu erlernen und zu praktizieren ist und sich bei mir bewährt hat. Ich nehme mir möglichst bald die dazu nötige Zeit, denn eine so starke Störung hat Vorrang. Meist benötige ich kaum eine halbe Stunde, oft auch deutlich weniger.

Dazu setze oder lege ich mich irgendwo bequem hin, wo ich nicht gestört werde, schließe die Augen und konzentriere mich auf das Einatmen und das Ausatmen, in dem Tempo, in dem es sich angenehm anfühlt. Ich spüre die ausströmende und einströmende Luft an meinen Nasenflügeln, und ich spüre, wie sich mein Bauch beim Einatmen weitet und beim Ausatmen wieder schrumpft. Es ist wichtig, dass ich mich ausschließlich auf meinen Körper konzentriere und Gedanken, die in mir aufsteigen, nicht nachgebe. Falls einer kommt, konzentriere ich mich sofort wieder ausschließlich auf das Atmen. Dadurch kommt mein Geist völlig zur Ruhe, je nach

Stärke seiner inneren Unruhe zuvor etwas früher oder etwas später.

Nach dieser Übung denke ich dann anders als zuvor, freundlicher, offener, freier, liebevoller. Was sich vor dem Atmen vielleicht noch aufblähte, ist danach nicht mehr wichtig. Meine Gedanken sind dann gut sortiert und in Einheit mit meinen Gefühlen und meinem Körper. Vielleicht können Sie sich das nicht vorstellen, doch ich erfahre es immer wieder: Was mich vorher belastet hat, ist, wenn ich meinen Geist durch die Konzentration auf das Atmen befreit habe, danach befriedet. Was war, ist dann nicht mehr wichtig. Denn ich habe dann Abstand von dem, was mich aus meiner Balance gebracht hatte. Ich bin dann innerlich ruhig, in meiner Mitte.

Bei besonders schweren Lasten kann es sein, dass sie sich allein mit dieser relativ kurzen Atemmeditation nicht ablegen lassen. Ich denke da zum Beispiel an Kummer oder große Sorgen bezogen auf eigene Kinder oder an heftige Gefühle von Angst oder Verletztheit. In so einem Fall nehme ich mir ebenfalls Zeit für mich und atme in der beschriebenen Art und Weise. Ergänzend dazu öffne ich meine Hände, lege sie mit den Innenflächen nach oben neben mich und atme in die Sorgen, die Ängste oder die Verletzungen hinein. Durch die offenen Hände übe ich mich im Loslassen. Ich drücke damit aus, dass ich nichts in der Hand habe. Das tut manchmal sehr weh. Bei dieser Loslassensmeditation können heftige Gefühle der Ohnmacht und der Trauer hochkommen. Dann am Atmen dranzubleiben und symbolisch mit den Händen das Loslassen zu vollziehen, bringt mich weiter. So komme ich langsam dahin, dass ich das Schwere innerlich annehmen kann und dass mein schweres Herz wieder leichter wird.

Es erfordert viel Disziplin, beim Atmen ganz konsequent dranzubleiben und nicht abzuschweifen. Wenn ich dann nach einiger Zeit in die innere Ruhe komme und Dinge annehmen kann, wie sie sind, hat das etwas mit Schrumpfen zu tun. Ich übergebe mich gleichsam einer höheren Macht und stimme innerlich zu, dass mir oder den mir Nahestehenden besonders Schweres auferlegt ist. Das tue ich, weil ich mich danach entlastet und leichter fühle. Sonst würde ich es nicht tun. Es ist, wie es ist, und ich darf hoffen, dass es irgendeinen Sinn hat.

Eine weitere Form von Meditation, die mir guttut, nenne ich Dankesmeditation. Manchmal bin ich voll des Dankes und habe das Bedürfnis, meinen Dank weiterzugeben. Ich atme dann tief, spüre meine Dankbarkeit und mein Glück und atme beide hinaus in die geistige Welt, einige Minuten lang. Danach fühle ich mich leicht, beschwingt, die Dankbarkeit trägt mich und begleitet mich. Gleichzeitig bin ich ganz bei mir und fühle mich in meiner Mitte.

Und dann noch: Wenn es mir gelingt, beim Meditieren wirklich alles loszulassen, dann bin ich in einem Zustand, in dem ich nicht mehr bewusst atme. Ich denke dann nichts mehr, fühle mich leicht, schwebend, wie schwerelos, gelöst, in Frieden mit mir und der Welt und bin dennoch wach. Mein Körper, meine Seele und mein Geist bilden eine Einheit.

Zum Schluss

Und nun? Sie haben durchgehalten mit dem Lesen bis zum Ende unseres Buches. Wir hoffen, Sie konnten nachvollziehen und in der Regel auch akzeptieren, wie wir Zusammenhänge aus unserer Sicht beschrieben und erklärt haben. Manchmal haben wir uns etwas »aus dem Fenster gelehnt« und Sie auch etwas provoziert. Wir sind Ihnen dabei hoffentlich nicht allzu nahe getreten, sondern nur ein wenig; und Ihnen ein wenig nahe zu treten, das war schon unsere Absicht. Wir wollten ja, dass Sie sich persönlich angesprochen und auch herausgefordert fühlen.

Unser Anliegen war, Sie dazu anzuregen und zu ermutigen, dass Sie sich selbst in Frage stellen, nachdenken, nachspüren, manchem genauer nachgehen und es vielleicht aufgreifen. Wenn Sie weitergedacht, weitergesucht und weitergefragt haben, wenn Sie dabei Ihre Gefühle gespürt haben, manchmal vielleicht auch heftig, haben Sie für sich den Boden bereitet, um handeln zu können. Darum geht es letztlich, Nachdenken und Verstehen allein reicht nicht. Im Idealfall nutzen Sie unser Buch als Arbeitsbuch für sich, um Schritt für Schritt ganz konkret manches in Ihrem Leben zu verändern.

Wir leben in einem Land, in dem eine leichte Lebensart nicht die Regel ist. Das hat unter anderem mit unserer Geschichte der letzten gut hundert Jahre zu tun. Viele hätten gerne, dass das Schwere vor allem aus der Zeit der beiden Weltkriege und den beiden Nachkriegszeiten nun endlich vorbei ist. Leider ist dem nicht so. Es wirkt bei einem Teil der Bevölkerung noch heute nach, nicht nur bei alten Menschen, sondern auch bei einem Teil ihrer Nachfahren, durch übernommene Gefühle, durch Identifikationen, durch Symbiosen, durch unbewusstes Mittragen und mehr.

Das muss nicht so sein. Leicht zu leben, gelingt durch Loslassen. Loslassen kann dann gelingen, wenn klar ist, was getragen wird. Schauen Sie hin, erkennen Sie an, wie es war, und machen Sie Ihren Frieden damit – es war, wie es war. Damit ist das Leicht-Leben noch nicht garantiert. Immer wieder kommen automatisch alte Gefühle und alte Verhaltensweisen hoch. Das vertraute Schwere will die Oberhand behalten. Um nachhaltig davon frei zu werden, heißt es dranzubleiben.

Ob es Ihnen, angeregt durch unser Buch, gelingen wird, mit Schwerem leicht oder zumindest leichter zu leben? Wir wissen es nicht. In jedem Fall wünschen wir Ihnen – sofern Sie sich auf den Weg machen –, dass Ihre Bemühungen erfolgreich sein mögen. Alles Gute Ihnen!

Wir freuen uns über Rückmeldungen.
Manfred Scherrmann und Beate Scherrmann-Gerstetter
Großcomburger Weg 21, 74523 Schwäbisch Hall
info@manfred-scherrmann.de
www.manfred-scherrmann.de
www.frieden-mit-den-eltern.de
www.brave-tochter.de